W0216009

Vorwort

Wie unterscheiden sich Metapher und Symbol? Was ist, in der Literatur, eine Ellipse? Was ist eine Epode?

Die Arbeit an Texten in der Lateinlektüre der Oberstufe erfaßt zunehmend auch die besonderen *Formen* der Sprache als Ausdrucksmittel der Literatur. Die Formen – Formen der Stilistik, Rhetorik, Metrik, der Gattungen und ihrer Geschichte – zu erkennen heißt, die Werke besser zu verstehen; zudem sind sehr viele von ihnen auch in der weiteren europäischen Literatur wirksam geblieben. Zu den Formen aber gehört eine Fülle von Begriffen – *Fachwörter*, mit denen Sie im Unterricht (Studium) umgehen müssen und von denen Sie nicht wenige in Prüfungen parat haben sollen.

Einschlägige gezielte Informationen zu diesen Begriffen findet man jedoch nicht leicht: Die Stichwörter verteilen sich auf verschiedene Nachschlagewerke, die dort zu findenden Definitionen sind oft allzu abstrakt, nehmen auf Unbekanntes Bezug, weisen keine oder von Ihrer Lektüreerfahrung weit entlegene Beispiele auf.

Das vorliegende kleine Lexikon will diesem Mangel abhelfen – als ein handliches Nachschlagewerk, das die Lektüre auf der Oberstufe begleitet und zur Vorbereitung auf Klausuren und (Abitur-)Prüfungen seine Dienste leistet.

Im *Fachwörter-Teil* (orientiert an den curricularen Richtlinien der Bundesländer) finden Sie die Begriffe, die im Unterricht vorkommen können, mit Beispielen aus der lateinischen Schullektüre. Kurzinformationen zu den vorkommenden *Autoren* gibt der *2. Teil.* (Im Fachwörterteil sind diese Autoren durch die Schrift hervorgehoben, Beispiel: HORAZ.) Griechische Begriffe und Autoren sind insoweit aufgenommen, als sie auch in der lateinischen Literatur weiter gelten bzw. wichtigen Einfluß ausüben.

Zum Schluß noch ein Tip: Antike Literatur wurde stets laut (!) gelesen; sprechen Sie sich deshalb die angeführten Beispiele (mindestens im Geiste) laut vor – so werden Sie eine noch bessere Vorstellung von den Formen und Begriffen bekommen.

A

Abundanz (lat. abundantia = Überfluß)
Fülle oder Überladung des Stils, z. B. durch → Pleonasmus, → Tautologie; Merkmal des → Asianismus.

Actio → Officia oratoris.

Adoneus (nach dem griech. Gott Adonis benannter)
Vers; Schema: –◡◡–|x.
→ Choriambischer Kurzvers, in dem sich fast immer Wort- u. → Versakzent decken. Stets als vierte Zeile der → Sapphischen Strophe.

Aemulatio (lat. = Nacheiferung)
Wetteifer mit literarischen Vorbildern; s. → Imitatio.

Agon (griech. Subst. masc. = Wettkampf)
Teil der Alten → Komödie.

Akatalektisch → Katalexe.

Akzent (lat. accentus, übersetzt aus griech. prosodia = „Zugesang")
Hervorhebung (Betonung) einer Silbe durch Tonhöhe (musik. Wortakzent im Griech., im Lat. umstritten; s. u.), Tonstärke (exspiratorischer, dynamischer oder Intensitätsakzent z. B. in den german. Sprachen), Tonlänge (→ Quantität in den antiken Sprachen).
Im Lat. herrschte in der Volkssprache wahrscheinlich seit vorhistor. Zeit immer Intensitätsakzent, in der klass. Hochsprache möglicherweise durch Einfluß griech. Grammatiker eher musikalischer A., ca. ab 3.–4. Jh. n. Chr. allgemein wieder Intensitätsakzent; seit dieser Zeit deshalb lat. → akzentuierende Dichtung im Gegensatz zur → quantitierenden Dichtung der Klassik.
S. a. → Versakzent, → Iktus.

Akzentuierende Dichtung (Etymologie: → Akzent)
Dichtung, in der → Hebungen betont (exspiratorischer → Akzent), Senkungen nicht betont werden; Wort- (d. h. Prosa-) und → Versakzent fallen in der Regel zusammen. Quantitäten spielen, anders als in der → quantitierenden Dichtung, keine Rolle.
Im wesentlichen germanisches Versbauprinzip, das aber auch im Spätlatein u. in der lat. Dichtung des Mittelalters (z. B. → *Vagantendichtung*) zur Anwendung kommt.
Kennzeichen der a. D. des Hochmittelalters: (1) Wortakzent meist = Versakzent. (2) Alternation: regelmäßiger Wechsel von einsilbiger Hebung und Senkung. (3) Gleiche Versmaße haben gleiche Silbenzahl. (4) Oft Langzeilen aus zwei Kurzzeilen zusammengesetzt (→ Vagantenzeile). (5) Häufig Endreim.

Alexandriner Sammelbezeichnung für Dichter u. Wissenschaftler, die unter den Ptolemäern in Alexandria an der Bibliothek (Museion, gegründet 280 v. Chr.) wirkten und zum Mittelpunkt des → hellenistischen Kulturlebens wurden. Die Dichtung der A. (bes. KALLIMACHOS) zeichnete sich aus durch sorgfältige Form in Sprache und Versbau, Bevorzugung entlegener, aber „interessanter" Stoffe, Ablehnung der großen Form (statt → Epos: → Epyllion). Weiteres s. u. → Philologie.

Allegorie (griech. allegorein = anders reden)
→Trope, Form der Metapher: bildliche Darstellung eines Abstraktums bzw. Gedankens, wobei das Bild das Gemeinte „ist", nicht nur bedeutet (vgl. →Symbol); oft als →Personifikation. Die A. dient zur Verlebendigung und Verdeutlichung (z. B.: *Bild vom Staatsschiff* bei HORAZ, CICERO u. a.).

Allegorisch →Allegorie.

Alliteration (lat. ad litteram = zum Buchstaben)
Rhetorische Klangfigur: Hervorhebung eines Paars oder einer Gruppe von bedeutungstragenden Wörtern in Prosa und (bes. altlat.) Dichtung durch gleichen (bes. konsonantischen) Anlaut, ähnlich dem german. Stabreim. S. a. →Onomatopœie.
quotiens magna aliqua ac nobilis virtus vicit ac supergressa est vitium, *Tacitus, Agricola 1,1.*

Alternation (lat. alter = der eine, der andere) →akzentuierende Dichtung.

Amoibaion (griech. neutr. zu amoibaios = abwechselnd)
Wechselgesang in der →Tragödie.

Amphibolie (griech. = Doppelsinn)
Beabsichtigte oder unbeabsichtigte Doppel- oder Mehrdeutigkeit der Aussage durch bes. Wortwahl, Stellung, Beziehung, Betonung; oft als Mittel des →Witzes; vgl. →Paronomasie.
inscripsit tumulis septem scelerata virorum/ 'Se fecisse' Chloe. Quid pote simplicius? *Martial 9,15.(Doppelsinn:* „Sie hat die Grabsteine aufgestellt" / „Sie hat ihre Männer umgebracht.")

Anadiplose (griech. = Verdopplung)
Rhetorische Figur, Sonderform der →Epanalepse: das letzte Wort eines Satzes (→Kolons) wird als erstes des folgenden wiederholt. Mit der A. wird häufig verstärkte Klangwirkung hervorgerufen.
quamvis sint sub aqua, sub aqua maledicere temptant, *Ovid, Metamorphosen 6,376.*

Anagnorisis (griech. = Wiedererkennen)
Motiv des Wiedererkennens von Verwandten oder Freunden in der →Tragödie und →Komödie, wichtiges dramaturgisches Element (→ *'Poetik' des* ARISTOTELES).

Anaklasis (griech. = Zurückbiegen)
Begriff aus der →Metrik: Quantitätsverschiebung zwischen zwei benachbarten Silben (Wechsel des Versfußes); z. B.: →Hinkjambus (der letzte Fuß ist →Trochäus statt →Jambus).

Anakoluth (Subst. neutr. von griech. an-akoluthos = nicht folgend)
Rhetorische Figur: grammatische Inkonsequenz; der Schluß eines Satzes weicht von der begonnenen Konstruktion ab.
Der A. kommt oft in der gesprochenen Rede vor und drückt Nachlässigkeit aus; manchmal wird er als Kunstmittel angewandt, um die Schwere eines Gedankens zu betonen.
si, ut Graeci dicunt, omnes aut Graios esse aut barbaros (*statt* ... aut Grai sunt aut barbari), *Cicero, de re publica 1,58.*

Anapäst (griech. anapaistos = auf-, zurückgeschlagen; Sinn umstritten; vielleicht: umgekehrter →Daktylus)
→Versfuß (3); Schema: ∪∪–.

Anapher (griech. anaphora = Wiederholung)
Rhetorische Figur: ein- oder mehrfache Wiederholung desselben Wortes (derselben Wortgruppe) am Anfang von Sätzen oder Satzteilen. Die A. soll Eindringlichkeit hervorrufen oder eine → Periode übersichtlicher machen.
nihilne te nocturnum praesidium ..., nihil urbis vigiliae, nihil timor ..., nihil ..., nihil ... moverunt? *Cicero, in Catilinam 1,1.*

Anastrophe (griech. = Umkehrung)
Rhetorische Figur: Nachstellung des regierenden Wortes, bes. der Präposition, hinter das regierte (lat.: Postposition) – zum Zwecke des Nachdrucks und des Klangeffekts; in der Dichtung mögen auch metrische Gründe eine Rolle spielen.
vitiis nemo sine nascitur, *Horaz, Sermones 1, 3,68.*

Anekdote (griech. an-ek-doton = noch nicht Publiziertes)
Ursprünglich: noch nicht herausgegebene Geheimgeschichte, z. B. aus dem Privatleben hochgestellter Persönlichkeiten; heute Bezeichnung für eine witzige, pointierte, charakterisierende, gewagte – eine unterhaltende und lehrreiche, aber nicht unbedingt wahre Kurzgeschichte meist über berühmte Personen; in diesem Sinn in der Antike unter dem Begriff → Apophthegma. SUETON wendet sie häufig in seinen *'Biographien'* an.

Annales
→ Geschichtsschreibung (1).

Antithese (griech. = Gegenüberstellung)
Rhetorische Figur: formale Gegenüberstellung zweier (meist logisch entgegengesetzter) Gedanken oder Begriffe (wie groß – klein, Lachen – Weinen, Tugend – Laster) zur scharfen Charakterisierung, als Ausdruck von Zwiespalt und Spannung. S. a. → Chiasmus, → Parallelismus.
Caesar beneficiis ac munificentia magnus habebatur, integritate vitae Cato, *Sallust, Catilina 54,2.*

Antizipation (lat. anticipatio = Vorwegnahme)
= → Prolepse.

Antonomasie (griech. = Umbenennung)
→ Trope: Gebrauch eines charakterisierenden Beiworts statt des Eigennamens oder umgekehrt des Eigennamens eines hervorragenden Vertreters für die Gattung; zum Zwecke der Abwechslung oder als (nur für Eingeweihte verständliche) Anspielung.
poeta *für* Vergil, caelestes (die Himmlischen) *für* die Götter; *umgekehrt* Caesar *für* der Herrscher, der Kaiser.

Anzeps → Syllaba anceps.

Aphärese (griech. aphairesis = Ausstoßung)
(1) Form des → Metaplasmus: Weglassen von Silben oder Lauten am Anfang eines Wortes.
temnere *statt* contemnere, *Vergil, Aeneis 6,620.*
(2) Sonderform der → Elision: endet in der Dichtung ein Wort auf Vokal oder Vokal plus m und wird von „es" oder „est" gefolgt, so wird das e von es / est ausgestoßen.
otium, Catulle, tibi molestum est (*sprich* molestumst), *Catull 51,13.*

Apokoinu (griech. ⟨schema⟩ apo koinou = vom Gemeinsamen)
Setzung eines zu beiden Gliedern einer Verbindung gehörenden Wortes erst beim zweiten Glied (meist in Mittelstellung); dadurch steigender Rhythmus (→ Gesetz der wachsenden Glieder).
sedens adversus identidem te spectat et audit (te *zu* adversus *und* spectat et audit), *Catull 51,3–4.*

Apologetik (griech. apologia = Verteidigung)
Altchristliche Literatur, die das Christentum gegenüber Staat und Gesellschaft einerseits und gegenüber existierenden philosophischen Systemen andererseits rechtfertigt und verteidigt. Formvarianten: → Dialog, → Brief, Eingaben an den Kaiser. Autoren u. a.: MINUCIUS FELIX, TERTULLIAN.

Apophoreta (griech. neutr. plur. = Dinge zum Mitnehmen)
Begleitverse zu Geschenken, die den Gästen nach einem Gastmahl nach Hause mitgegeben wurden. Titel des 14. Buches des MARTIAL.

Apophthegma (griech. Subst. neutr.)
Gewandter, geschickt formulierter Ausspruch; s. a. → Anekdote.

Aposiopese (griech. = Verschweigen)
Rhetorische Figur: Abbrechen eines Satzes als (nachdrückliches) Verschweigen des Wichtigen; zum Ausdruck des Affekts und zwecks starker rhetorischer Wirkung.
quos ego ...! (Euch werd ich ...!), *Vergil, Aeneis 1,135.*

Apostrophe (griech. = Abwenden)
Rhetorische Figur: Abwendung des Redners vom Publikum und Anrede an eine abwesende Person oder personifizierte Sache; zur Verlebendigung der Rede und/oder zur Erzielung einer rhetorischen Wirkung.
Manili, primum istam tuam et legem et voluntatem et sententiam laudo, *Cicero, de imperio Cn. Pompei 24,69.*

Appendix (lat. = Anhang)
Anhang einer Buchausgabe; z. B. *'Appendix Vergiliana'* (eine Zusammenfassung verstreuter Gedichte, die – zum größten Teil fälschlich – VERGIL zugeschrieben wurden) oder *'Appendix Probi'* (eine dem PROBUS untergeschobene Sammlung von lat. Vulgarismen aus dem 3. Jh. n. Chr.).

Aptum → Stilqualitäten.

Archaismus (griech. archaios = alt)
Gebrauch altertümlicher Sprachformen, von SALLUST, SENECA, TACITUS als bewußtes Stilmittel angewandt, bei anderen nachgeahmt und aufgesetzt wirkend.

Archetypus (griech. = Urbild)
In der → Textkritik: ältester erhaltener oder rekonstruierbarer Text.

Argumentatio → Partes orationis.

Arsis (griech. = Hebung [des Fußes des Chores im Drama])
schwacher Versteil; anders: → Hebung.

Asianismus (moderne Prägung nach „genus orationis Asiaticum", Cicero, Brutus 325)
In Kleinasien entstandener Redestil, dessen Merkmale einerseits kurze, zerhackte, pointierte Sätze, andererseits bombastische Wortfülle sind; Einfluß auf den jungen CICERO. Gegenbewegung: → Attizismus.

Asklepiadeus (nach dem hellenistischen Dichter Asklepiades benannter) Vers.
(1) A. *minor* (der kleinere), Schema: –́–|–́⏑⏑–́|–́⏑⏑–́|⏑x́.
→ Glykoneus, hinter dessen → Choriambus (–⏑⏑–) ein weiterer Choriambus eingeschoben ist.
(2) A. *maior* (der größere), Schema: –́–|–́⏑⏑–́|–́⏑⏑–́|–́⏑⏑–́|⏑x́
Erweiterung des A. minor um einen weiteren Choriambus.
(1) Maecenas atavis edite regibus, *Horaz, Carmen 1,1,1.*
(2) Alfene immemor atque unanimis false sodalibus, *Catull 30,1.*

Asyndeton (griech. = Unverbundenes)
Rhetorische Figur: harte Aneinanderreihung von Wörtern/Wortgruppen ohne Konjunktionen (Gegensatz: → Polysyndeton); als Ausdruck leidenschaftlicher Erregtheit, meistens jedoch Kennzeichen eines knappen, prägnanten Stils.
At Romae ruere in servitium consules, patres, eques. *Tacitus, Annalen 1,7.*

Atellane (lat. fabula Atellana = Schauspiel, nach der kampanischen Stadt Atella benannt)
Altitalische Volksposse mit stereotypen Charakteren (z. B. *macco,* dem Hanswurst), derber Sprache und spöttischem Inhalt; auch als Nachspiel von → Tragödien aufgeführt; vom → Mimus verdrängt, doch wie dieser in der → Commedia dell' arte weiterlebend.

Attizismus (moderne Prägung nach Cicero, Orator 23ff)
Gegenbewegung zum → Asianismus; reiner, klarer Redestil nach dem Muster der griechischen (attischen) Schriftsteller des 5. und 4. Jh. v. Chr.; röm. Vertreter ist bes. CAESAR.

Autobiographie (griech. autos = selbst, biographia = Lebensbeschreibung)
A. im modernen Sinne als bekenntnishafte literarische Darstellung der eigenen Individualität hat es in der Antike nur in Ansätzen (in Griechenland seltener als in Rom) gegeben. In den erhaltenen röm. Zeugnissen (die A.n von C. Gracchus, Sulla, verschiedener röm. Kaiser u. a. sind verlorengegangen) geht es den Verfassern um das Exemplarische, Allgemein-Repräsentative mehr als um die Individualität (z. B. röm. Liebesdichtung), um Rechtfertigung oder Eigenwerbung mehr als um ehrliche Selbstanalyse (z. B. CICERO, *'Brutus'*; Tatenbericht des Augustus; anders CICERO in seinen Briefen), um das Idealbild mehr als um die eigentliche Persönlichkeit (z. B. bei SENECA), um den Eindruck der objektiven mehr als um die subjektive Darstellung (z. B. CAESARS *'Commentarii'*). Am „modernsten" OVIDS *'Tristia'*; die erste echte A. sind AUGUSTINUS' *'Confessiones'*.

B

Bakcheus (-ius) (nach dem Gott Bakchos = Dionysos benannt, da häufig in Liedern zu dessen Ehren verwandt)
→ Versfuß (6); Schema: ⏑––.

Barbarismus (griech. = Sprechen auf ausländische, d. h. fehlerhafte Weise)
Ungerechtfertigte Abweichung von der Sprachrichtigkeit im Einzelwort; vgl. → Soloecismus, → Metaplasmus.

Binnenreim → Reim

Biographie (griech.) Lebensbeschreibung.
In Griechenland relativ spät entstandene Literaturgattung, anfänglich als Dichter- und Philosophen-B., später im → Hellenismus auch als Politiker-B. (Alexander); großer Einfluß durch moralisierende Theorien des ARISTOTELES und des THEOPHRAST.
Die römische B. lehnt sich z. T. an die hellenistische Tradition an, schöpft aber auch aus röm. Vorformen (→ *laudatio funebris, tituli*, d. h. Aufschriften unter Statuen bedeutender Männer). Anfänglich → Autobiographien hervorragender Persönlichkeiten, dann ab 1. Jh. v. Chr. Einzelbiographien bzw. durch die Form der B. beeinflußte historische Darstellungen (z. B. SALLUSTS *'Catilina'*, TACITUS' *'Agricola'*), Sammlungen gleichartiger B.n (z. B. VARROS *'Imagines'*, SUETONS Kaiserbiographien) und verschiedenartiger B.n (NEPOS; PLUTARCHS in griech. Sprache abgefaßte Parallelbiographien je einer römischen und griechischen Berühmtheit).
Die christlichen Heiligenbiographien stehen in der Tradition des griech. → Enkomions.

Botenbericht Mittel, das im → Drama angewandt wird, um wichtige Ereignisse, die technisch schwer darstellbar sind oder aus dramaturgischen Gründen (z. B. Wahrung der → Einheit des Ortes) nicht dargestellt werden sollen und entweder zwischenzeitlich abgelaufen sind oder zeitlich dem Drama vorausgehen, in die Handlung einfließen zu lassen. Vgl. → Mauerschau. Häufig in der griech. → Tragödie angewandt.

Brachylogie (griech. = Kürze im Ausdruck)
Rhetorische Figur: Verstärkung der → Ellipse bis hin zur Auslassung ganzer (sinngemäß zu ergänzender) Satzteile; in prägnantem Stil und leidenschaftlicher Rede.
miserior est, qui hoc voluptatis causa docet quam qui necessitatis discit (*statt* ... qui hoc necessitatis causa discit), *Seneca, Epistulae morales 47,6.*

Brevitas → Stilqualitäten.

Brief Man unterscheidet:
(1) Privatbrief, nicht zur Veröffentlichung bestimmt: *litterae* (manche solcher B.e CICEROS sind gegen seinen Willen nach seinem Tod veröffentlicht worden);
(2) zur Veröffentlichung bestimmter Privatbrief: *epistula* (z. B. CICERO, PLINIUS D. J.);
(3) Literaturbrief: Einkleidung literarischer oder philosophischer Abhandlungen in die Form eines B. (z. B. SENECAS *'Epistulae morales'*, HORAZ' *'Epistulae'* in Versform);
(4) fiktiver (z. T. gefälschter) Brief *(Briefwechsel Paulus – Seneca)*;
(5) Lehrbrief des Lehrers an seine Schüler (z. B. PLATO, EPIKUR; PAULUS' *'Briefe'* im Neuen Testament)

Bukolik (griech. bukolos = Hirt)
Hirtendichtung, → Idylle; z. B. VERGILS *'Bucolica'*.

Bukolische Diärese → Diärese.

C

Cäsur → Zäsur.

Cantica (lat. neutr. plur. = Lieder)
Metrisch relativ streng gehaltene Gesangspartien, im Gegensatz zu den recht freien Sprechpartien in der altlat. → Komödie (bes. PLAUTUS).

Captatio benevolentiae Das Werben *(captatio)* um die Gunst *(benevolentia)* des Hörers (speziell des Richters) in einer Rede (speziell Gerichtsrede).
Bsp.: Rede des Catilina in SALLUSTS *'Coniuratio Catilinae'* (20) mit Schmeichelei gegenüber den Zuhörern, Verbeugung vor ihrer virtus, Betonung des gemeinsamen Schicksals.

Carmen (lat. = Lied) → Ode

Chiasmus (griech. = Gestalt eines X, des griech. Buchstabens 'Chi')
Rhetorische Figur: spiegelbildliche Überkreuzstellung (a-b, b-a) einander zugeordnete Wörter oder Wortgruppen (Gegensatz: → Parallelismus); läßt gegensätzliche Begriffe unmittelbar aufeinandertreffen und verstärkt so → Antithesen.
satis eloquentiae, sapientiae parum, *Sallust, Catilina 5,4.*

Choliambischer Vers = → Hinkjambus.

Chor (griech. choros = Tanzplatz, Tanz, Schar der Tänzer und ihr Lied)
→ Lyrik, → Tragödie, → Komödie.

Choriambisch heißen Verse, die einen → Choriambus enthalten.

Choriambus (→ Trochäus, griech. auch Choreios genannt, → Jambus)
→ Versfuß (7), Schema: –◡◡–.

Circumitio (lat. = Umgehung)
Umschreibung, → Periphrase.

Codex (lat. = Baumstamm)
Buch (im Gegensatz zur Papyrusschriftrolle); ursprünglich zusammengebundene, wachsüberzogene Holztäfelchen, dann zusammengeheftete Pergamentblätter für kürzere Aufzeichnungen, schließlich Buchblock aus mehreren aneinandergehefteten Pergamentlagen; verdrängt im 4./5. Jh. n. Chr. die Schriftrolle; vgl. → Textüberlieferung.

Codex rescriptus (lat. = wiederbeschriebenes Buch)
→ Palimpsest.

Commedia dell' arte (ital. arte = Kunst, Beruf)
Italienische Stegreifkomödie, entstanden im 16. Jh., mit einer Anzahl feststehender Typen, die von den Charakteren des → Mimus und der → Atellane beeinflußt sind. Sie hatte bedeutende Auswirkungen auf das europäische Lustspiel.

Commiseratio (lat. =) „Bejammern", rührseliger Ton, den der Redner anschlägt, um Mitleid mit dem Angeklagten zu erregen; bes. in der → conclusio.
Beispiel: Cicero, pro Milone 92–105.

Conclusio (lat. = Schluß)
(1) Letzter Teil der Rede; → Partes orationis.
(2) Logischer Schluß (→ Syllogismus).

Confirmatio → Partes orationis.

Confutatio → Partes orationis.

Consolatio (lat. = Trost)
Trostschrift; s. → Trostliteratur.

Constitutio → Stasislehre.

Constructio ad sensum (lat. = sinngemäße Konstruktion)
Mangelnde formal-grammatische, dafür aber sinngemäße Übereinstimmung des Prädikats (oder Attributs) mit dem Subjekt: Der Sinn soll über die sprachliche Richtigkeit siegen.
capita coniurationis ... percussi sunt (*statt* percussa), *Livius 10,1,3.*

Contradictio in adiecto (lat. = Widerspruch im Beigefügten)
Rhetorische Figur: Abart des → Oxymoron, in der ein Beiwort in Widerspruch zu seinem Bezugswort steht.
concordia discors, *Horaz, Epistulae 1,12,9.*

Controversia → Deklamation.

D

Daktylus (griech. = Finger)
→ Versfuß (4); Schema: –◡◡.

Datierung Für sehr viele Schriftwerke des Altertums kann die Abfassungszeit nur durch innere (z. B. Anspielungen auf Zeitereignisse innerhalb des Werkes) und äußere Anhaltspunkte (z. B. Erwähnung des Werks bei anderen Schriftstellern) annähernd bestimmt werden, indem der frühestmögliche und der spätestmögliche Zeitpunkt (*terminus post quem/ terminus ante quem*) für das Erscheinen erschlossen wird. (Für PETRONS *'Satyricon'* z. B. wird als t.p.q. ca. 60 n. Chr. und als t.a.q. ca. 3. Jh. n. Chr. angenommen.)

Deklamation (lat. declamatio = Redeübung, leeres Gerede)
Übungsrede mit fingierter oder historischer Problemstellung, die in der röm. Kaiserzeit den rhetorischen Übungsbetrieb beherrschte; zunächst oft von hohem Niveau, später zu Unterhaltungsdarbietungen und in hohle Schönrednerei und Phrasendrescherei abgleitend (vgl. TACITUS' *'Dialogus de oratoribus'*). Zwei Arten:
(1) *controversia* (lat. = Streitrede), d. h. Rede, in der fingierte Rechtsfälle (→ genus iudiciale) behandelt werden (z. B. Kindesentführung, Raub, Mord);
(2) *suasoria* (lat. = „zuratende" Rede): Prunkrede (→ genus deliberativum) meist mit historisch-politischen Themen.

Denominatio (lat. = Benennung)
= → Metonymie.

Diärese (griech. diairesis = Auseinanderziehen) In der → Metrik:
(1) Vokalischer Gebrauch des konsonantischen i/j und u/v.
Statt suādēō *(sprich:* swadeo *– drei Silben)* sŭādēō *(vier Silben); statt* Gāiūs *(sprich:* Gajus *– zwei Silben)* Gāĭūs *(drei Silben).*
(2) Einschnitt, Atempause in einem Vers nach dem Ende eines → Versfußes (vgl. → Zäsur); bes. 'bukolische D.' nach dem vierten Fuß im → Hexameter:
sunt bona,‖ sunt quaedam mediocria,‖ sunt mala plura, *Martial 1,16,1.*

Dialog (griech. = Unterredung)
(1) Dramatischer D., Gespräch zwischen zwei (oder mehr) Personen im → Drama.

(2) Form der philosophischen und rhetorischen Schriftstellerei: In lebhaftem Meinungsaustausch der Dialogpartner schreitet der D. unter scheinbarer Wahrung der Objektivität des Autors zur Erkenntnis des Richtigen fort. Von PLATO zur vollen Entfaltung gebracht, nähert sich der D. durch Abbau der Wechselrede bei ARISTOTELES und späteren der → Diatribe. Bedeutende röm. Vertreter: CICERO (philosophische und rhetorische Stoffe), SENECA (philosophischer Scheindialog, Diatribe), TACITUS (*'Dialogus de oratoribus'*). In der christlichen Literatur bes. AUGUSTINUS.

Diastole (griech. = Dehnung)
Form des → Metaplasmus; in der Metrik: Längung kurzer Vokale aus Verszwang; vgl. → Systole.
decōris *statt* decŏris, *Phaedrus 1,13,7.*

Diatribe (griech. = Zeitvertreib)
Typ philosophischer Schriftstellerei; ursprünglich wahrscheinlich volkstümliche „Moralpredigt" kynisch-stoischer Wanderredner über praktische Fragen der Ethik, ca. ab 3. Jh. v. Chr. den → Dialog im philosophischen Schrifttum verdrängend. Merkmale: unsystematisch-unterhaltsam, z. T. deftige Sprache, witzige Einlagen, fiktive Dialoge mit angenommenem Gegner, Nähe zur → menippeischen Satire. Vertreter: BION V. BORYSTHENES, z. T. SENECA, in Versform (→ Verssatire) HORAZ (*'Sermones'*), JUVENAL.

Digesten (lat. digestus = eingeteilt, der Reihe nach aufgeführt)
Titel der Auszüge aus Schriften röm. Juristen (JUSTINIAN); = Pandekten.

Dikretikus Doppelter → Kretikus.

Dimeter (griech. di- = doppel-)
→ Metrum, → jambischer D.

Dipodie (griech. di- = doppel-, pus = Fuß)
Zwei → Versfüße, die zusammen ein → Metrum ergeben.

Dispositio → Officia oratoris.

Distichon (griech. Subst. neutr; di- = doppel-, stichos = Reihe, Vers)
Zweizeiler, bes. die Verbindung von → Hexameter u. → Pentameter zum 'elegischen D.' (→ Elegie) in der Liebesdichtung und im → Epigramm.

Ditrochäus (griech. di- = doppel-)
Doppelter → Trochäus.

Divisio → Partes orationis.

Drama (griech. Subst. neutr. = Handlung)
Neben Epik (→ Epos) und → Lyrik eine der drei Grundformen der Dichtung, in der eine in sich geschlossene Handlung (→ Einheiten) unmittelbar durch → Monolog, → Dialog und Wechselrede zwischen Schauspieler und → Chor auf der Bühne dargestellt wird. Formen des D.s: → Tragödie (s. a. → Praetexta), → Komödie (s. a. → Palliata, → Togata), → Mimus, → Atellane.

Dreigliedrigkeit → Trikolon.

Dreisilbengesetz Ein mehrsilbiges Wort wird auf der vorletzten Silbe betont, wenn diese lang ist, auf der drittletzten, wenn die vorletzte kurz ist, nie auf der letzten; s. a. → Akzent.
Beispiele: cecī́dit *von* ca̅e̅dere, cécĭdit *von* cắdere.

E

Einheit(en im → Drama)
Aristoteles fordert für die → Tragödie die E. **der Handlung** (Durchführung eines Grundmotivs ohne Episoden) und **der Zeit** (ein Sonnentag); die E. **des Ortes** ergibt sich aus der ständigen Anwesenheit des → Chores.
Diese Theorie wurde in der Renaissance (Scaliger) und bes. im französischen Klassizismus besonders streng formuliert und angewandt (Corneille, Racine); doch schon seit Shakespeare wandelt sich die Haltung zu den E.n immer wieder und variiert von völliger Vernachlässigung über Beibehaltung der Handlungseinheit (Lessing) bis zur Wiederannäherung an die strenge Form (z. B. im Expressionismus).

Eisodos (griech. Subst. fem. = Einmarsch)
Einzugslied des Chores im griech. → Drama; in der Tragödie als → Parodos bezeichnet.

Ekloge (griech. = Auswahl)
Ausgewähltes Einzelgedicht; später beschränkt auf ländliches oder Hirtengedicht; z. B. VERGILS Eklogen (*'Bucolica'*).

Elegie (Etymologie umstritten; wahrscheinlich aus armenisch elegn = Flöte, daraus griech. elegos = Klagegesang)
Jedes Gedicht in → Distichen (außer dem → Epigramm); ursprünglich Totenklage im Wechsel zwischen Gesang und Flöte (daher wohl die distichische Struktur), dann (griech. Vorklassik bis → Hellenismus) universales Ausdrucksmittel für starkes Gefühl (ARCHILOCHOS), politische Aufrufe, Liebesdichtung, Klagelied, Darstellung aus Sage und Geschichte (KALLIMACHOS: *'Aitia'*). Die subjektive röm. Liebeselegie lehnt sich zwar an einzelne hellenistische Motive an, ist aber wahrscheinlich original-römische Schöpfung. Erste Ansätze finden sich bei → Neoterikern: CATULL (z. B. Carmen 68: *'Allius-E.'*, über Tod und Liebe) und bes. GALLUS (Grundthema: Liebe als Lebensinhalt). Die bedeutendsten röm. Elegiker sind TIBULL, PROPERZ, OVID, in deren E.n sich eine Entwicklung vom anfänglich überwiegenden subjektiven Gefühlsausdruck zum souveränen Spiel mit Motiven in eleganter Sprache und Form (bes. OVID) beobachten läßt.

Elegisches Distichon → Distichon.

Elision (lat. elidere = ausstoßen)
Begriff der → Metrik: Endet ein Wort auf einen Vokal und beginnt das nächste mit einem Vokal, so werden Auslaut und Anlaut verschliffen (Synaloephe); dabei wird die Schlußsilbe unterdrückt. Das gilt auch, wenn das vorangehende Wort auf Vokal plus m endet und wenn das folgende Wort mit h beginnt. Vgl. → Aphärese, → Hiat. Grund für die E.: Vokalzusammenstoß wird als unschön betrachtet.
divum ad fallendos numine abusum homines (*lies:* divad fallendos numinabusomines), *Catull, 76,4.*

Ellipse (griech. elleipsis = Auslassung)
Rhetorische Figur: Auslassung leicht zu ergänzender Wörter; vgl. → Brachylogie. Zur Straffung und → Prägnanz.
Postquam Bruto et Cassio caesis nulla iam publica arma (*erg.* erant), *Tacitus, Annalen 1,2.*

Elocutio → Officia oratoris.

Eloge (Subst. fem. von lat. elogium = Lobrede)
= → Panegyrikos.

Emendatio → Textkritik 3.

Emphase (griech. = Verdeutlichung)
→ Trope: betonter Gebrauch eines Wortes im tieferen Sinn; dadurch größere Eindringlichkeit.
o tempora, o mores (*für* tempora mala, mores corrupti)! *Cicero, in Catilinam 1,1,2.*

Enallage (griech. = Vertauschung)
Rhetorische Figur: Zuordnung eines Adjektivs nicht zum eigentlichen Bezugswort, sondern zu einem anderen, meist vorausgehenden Substantiv; bes. in der Dichtung. Wirkung: „ungeduldige" Vorwegnahme des bestimmenden Eindrucks.
in omni defectione sociorum (*statt* in defectione omnium sociorum), *Livius 9,19,2.*

Encomium lat. = → Enkomion.

Enkomion (griech. Subst. neutr. = beim Festzug – komos – gesungenes Preislied)
Ursprünglich Loblied auf Sieger bei griech. Festspielen, z. B. Olympioniken (= *Epinikion*), dann allgemein verherrlichende oder schmeichelnde Form der → Biographie oder eines Gedichtes; auch als Form der → Satire: z. B. SENECAS *'Apocolocyntosis'*, ERASMUS' *'Encomium Moriae' (= lat. 'Laus Stultitiae')*.

Enjambement (franz. = Überschreitung)
Hinüberziehen von Sätzen (Satzteilen) in den nächsten Vers; Versende u. Satzende sind gegeneinander verschoben; dadurch Belebung der Verse:
nulla potest mulier tantum se dicere amatam / vere, quantum ..., *Catull 87,1–2.*

Epanalepse (griech. = Wiederaufnahme)
Rhetorische Figur: Nachdrückliche Wiederholung des gleichen Wortes (Wortgruppe) an einer Stelle im Satz, oft am Anfang; vgl. → Anadiplose.
et modo, modo quid fuit? *Petron, Satyricon 37,4.*

Epeisodion (griech. = noch Hinzukommendes)
Vorform des Akts im antiken → Drama, bes. in der → Tragödie: Schauspielerpartien, die zwischen zwei Chorliedern eingeschoben waren.

Epenthesis (-these) (griech. = Einfügung)
Form des → Metaplasmus: Einfügung eines Lautes oder einer Silbe im Wortinneren, z. B. um einen archaischen Eindruck zu erzielen.
Mavors *statt* Mars, *Vergil, Aeneis 6,872.*

Epigramm (griech. epigramma = In-, Aufschrift)
Ursprünglich unliterarische, kurze Grab-, Weih-, Gebäudeinschrift, meist in → Distichen („Kurzelegie"); dann, von SIMONIDES (6.–5. Jh. v. Chr.; „Wanderer, kommst du nach Sparta ...") auf hohes sprachliches Niveau gehoben, löste sich das E. vom eigentlichen Zweck (Aufschriftcharakter) und wurde zum literarischen → Genus: Sinnspruch, kurzes, pointiertes Gedicht zum Ausdruck von Satiri-

schem, Spott, Erotica, Trauer, Belehrendem u. a.
Versmaße: → Distichon, → Hendekasyllabus, → Hinkjambus u. a.
Bedeutendste röm. Vertreter: LUCILIUS, CATULL, MARTIAL.

Epik (Adj. **episch**)
(griech. epike techne = Kunst des Epos)
Neben → Lyrik und → Drama eine der Grundformen der Dichtung; → Epos.

Epipher (griech. epiphora = Hinzubringen)
Rhetorische Figur: Wiederholung desselben Wortes am Ende von Sätzen oder Satzteilen; Umkehr der → Anapher. Zur Eindringlichkeit, Übersichtlichkeit.
interfecit Antonius, ... eripuit Antonius, ... adflixit Antonius, *Cicero, Philippica 2,55.*

Epitheton (griech. = Beiwort)
Einem Nomen zur Charakterisierung beigefügtes Adjektiv (Partizip). **E. ornans:** schmückendes, charakterisierendes, oft formelhaft sich wiederholendes Beiwort.
pius Aeneas, *Vergil, Aeneis*

Epistel/Epistula → Brief.

Epitome (griech. Subst. fem. = Ausschnitt)
Auszug aus/Inhaltsangabe von umfangreichen Werken; vgl. → Textüberlieferung A5.

Epode (griech. Subst. fem.(!) epodos = Abgesang)
(1) Kurzvers, der in der → Lyrik regelmäßig auf einen längeren Vers folgt (selten umgekehrt).
(2) Gedicht mit dieser Versfolge; z. B. HORAZ' *'Epoden'*.
beatus ille, qui procul negotiis, ‖ ut prisca gens mortalium *(→ jambischer Trimeter/ → jamb. Dimeter), Horaz, Epode 2,1–2.*

Epos (plur. Epen) (griech. Subst. neutr. = Wort, Erzählung)
Breit angelegte erzählende Darstellung sagenhafter oder (seltener) geschichtlicher Stoffe in gleichbleibenden Versen. Die europäische Tradition des E. nimmt ihren Ausgang von den ersten beiden erhaltenen Epen: der *'Ilias'* und der *'Odyssee'* des HOMER; über Vorformen (Heldengesänge, Kult- und Festlieder) bestehen nur Vermutungen.
Charakteristische Merkmale des E.: Gleichmaß der sich dauernd wiederholenden Verse (meist → Hexameter; deshalb wurde in der Antike jedes längere Gedicht in Hexametern, auch das → Lehrgedicht, zu den Epen gerechnet), epische Breite, → Epitheta, feststehende Formeln, typische Szenen (Opfer, Gebet, Rüstungsbeschreibung), Parallelhandlung Götter – Menschen, Musenanruf. Stofflich ist das E. im → Mythos angesiedelt, oder es beschreibt geschichtliche Persönlichkeiten und Ereignisse; in jedem Fall hat das E. verherrlichende und idealisierende Tendenz und übersteigt das Niveau des Alltäglichen.
Nach HOMER lebte die Tradition des griech. E. fort (*'Epischer Kyklos'*, eine Reihe von bruchstückhaft überlieferten Epen, die ursprünglich Homer zugeschrieben wurden; HESIOD, dessen Werke aber eher dem → Lehrgedicht zugeordnet werden müssen), erreichte aber erst mit den → Alexandrinern (z. B. KALLIMACHOS mit seinem → Epyllion *'Hekale'*) seine zweite Blüte

und lebte noch einmal in der Kaiserzeit auf.
Das römische E., das ganz unter dem Einfluß der Griechen stand, setzt mit LIVIUS ANDRONICUS ein (Übersetzung der *'Odyssee'* in → Saturniern) und behandelt dann mehr historische Stoffe (NAEVIUS' E. über den 1. Punischen Krieg in Saturniern; ENNIUS' *'Annales'*, erstmals in Hexametern, dem in der Folge auch für das röm. Epos gültigen Maß). Nach dem berühmten Lehrgedicht des LUKREZ *'De rerum natura'* gipfelte das röm. E. in der (bewußt „homerischen") *'Aeneis'* des VERGIL. Bedeutende Epen der Folgezeit sind OVIDS *'Metamorphosen'* (eher dem Lehrgedicht zuzuordnen) und LUKANS *'Pharsalia'*. Christliche Epen: PRUDENTIUS.

Epyllion (griech. = Kleinepos)
→ Epos begrenzten Umfangs und meist mythologisch-gelehrten Inhalts; → Neoteriker.

Ethnographie (griech. ethnos = Volk, graphein = beschreiben)
Beschreibung der unterscheidenden Merkmale von Völkern; eine Gattung, die keinen eigenen Namen hatte und als Forschungszweig der Geographie und der → Geschichtsschreibung fungierte. Ausgehend von Hekataios von Milet (um 500 v. Chr.) entwickelte die E. über HERODOT und zahlreiche Geographen des → Hellenismus, besonders POSEIDONIOS, feste Schemata in der Darstellung fremder Völker, die sich noch in der *'Germania'* des TACITUS auswirken.

Euphemismus (griech. eu phemein = Worte guter Vorbedeutung gebrauchen)
→ Trope; beschönigende Umschreibung einer unangenehmen oder anstößigen Sache; häufig zum Zweck der Umgehung eines Tabus.
'manes' *für die Totengötter (altlat. manus = gut);* 'Heimgang' *für* Tod.

Exegese (Adj. **exegetisch**)
(griech. = Auseinandersetzung)
Auslegung, Interpretation eines (bes. biblischen) Textes.

Exodos (griech. Subst. fem. = Ausgang)
Schlußlied des Chors in der → Tragödie.

Exordium → Partes orationis.

Exposition (lat. = Darlegung)
Wesentlicher Bestandteil des → Dramas: Einführung des Zuschauers in das Stück durch Erhellung der Vorgeschichte, Einführung der Personen, Erklärung der Situation; im antiken Drama auch als → Prolog.

Exspiratorischer Akzent
→ Akzent.

F

Fabel (lat. fabula = Erzählung)
Didaktische Kurzform mündlich überlieferter, dann schriftlich fixierter und schließlich auch dichterisch ausgestalteter Tierdichtung, in der dem Leser (Hörer) durch Übertragung menschlicher Verhältnisse auf Tiere in oft unterhaltsam-satirischer Weise eine allgemeine Wahrheit oder Lebensregel nahegebracht wird.
Heimat der F. ist wohl Mesopotamien (18. Jh. v. Chr.!); vom Orient

wurde sie angeblich durch AESOP nach Griechenland gebracht und erfreute sich über die gesamte Antike (z. B. PHAEDRUS), das Mittelalter, die Reformation (Luther, Hans Sachs) bis zum Barock und zur Aufklärung (Lessing) großer Beliebtheit.

Fabula (lat. = Erzählung)
(1) = → Fabel.
(2) = Schauspiel (→ Atellane, → Palliata, → Praetexta, → Togata).

Figur (rhetorische) (lat. figura = Gestalt)
Jede kunstvolle Veränderung gegenüber der normalen, schmucklosen Rede als → Wortfigur, → Klangfigur, → Sinnfigur; zur Erhöhung, Ausschmückung, Hervorhebung. Im Gegensatz zur → Trope (Vertauschung von zwei Einzelbegriffen) geht es bei der Figur immer um die Gestaltung der gesamten Ausdrucksweise.

Figura etymologica (griech. etymologia = Lehre von der Bedeutung der Wörter)
Verbindung zweier Wörter (meist Verb und Substantiv) gleichen Stammes; zur Ausdruckssteigerung.
(acerrimam) pugnam pugnare.

Frage (rhetorische) Rhetorische Figur: Frage, auf die keine Antwort erwartet wird, weil sie diese bereits enthält. Wirkung: Eindringlichkeit.
quid est ... ratione divinius? *Cicero, de legibus 1,7,22.*

Fuß = Versfuß.

G

Gedankenfigur = → Sinnfigur.

Geminatio (lat. = Verdoppelung)
Zusammenfassender Begriff für die rhetorischen Figuren → Epanalepse, → Anadiplose.

Genera elocutionis = → Stilarten.

Genus (lat. = Art)
(1) → Stilart (*g. grande, medium, mixtum, sublime, subtile*).
(2) Art der Rede (→ Rhetorik). Man unterscheidet:
– *genus deliberativum* = die „überlegende", argumentierende Rede; bes. Staatsrede.
– *genus demonstrativum* = die „hinweisende", appellative Rede; bes. Festrede, Gelegenheitsrede.
– *genus iudiciale* = die Gerichtsrede.
(3) Literaturgattung, Dichtart (→ Epos, → Hymnus, → Lyrik usf.).

Geschichtsschreibung Die nach griechischem Vorbild geschaffene römische G. galt neben den Reden und der philosophischen Schriftstellerei als eine der drei großen Gattungen der Kunstprosa. Anders als die moderne G. will sie nicht in erster Linie historische Wahrheit vermitteln, sondern als künstlerisch gestaltete → Prosa (vgl. Quintilian 10,1,31: „carmen solutum") den Leser unterhalten, belehren und politisch beeinflussen. – Formen:
(1) *annales:* jahrweise Erzählung der Geschichte Roms (zurückgehend auf die Veröffentlichung der wichtigsten Ereignisse eines Jahres in den *'annales maximi'* des Pontifikalkollegiums); z. B. LIVIUS, TACITUS' *'Annales'*.

(2) *historiae:* Darstellung der Zeitgeschichte; z. B. SALLUSTS und TACITUS' H. (größtenteils verloren).
(3) *commentarii:* Tätigkeitsberichte (zurückgehend auf Amtsjournale von Magistraten); z. B.: CAESAR.
(4) → Monographie: Darstellung eines begrenzten Themas und Zeitabschnitts; z. B. SALLUSTS *'Coniuratio Catilinae'* und *'Bellum Iugurthinum'*.
S. a. → pragmatische G., → pathetische G.

Gesetz der wachsenden Glieder Anordnung von Wörtern oder Wortgruppen einer Reihe in der Weise, daß der Umfang der Glieder wächst; → Klimax. Wirkung: steigender Sprachrhythmus.
unde pudor, continentia, fuga turpitudinis, appetentia laudis et honestatis? *Cicero, de re publica 1,2.*

Glykoneus (nach dem alexandrinischen Dichter Glykon benannter)
→ Choriambischer Vers; Schema:
x́x | –́ ∪∪ –́ | ∪x́.
cinge tempora floribus, *Catull 61,6.*

Gnome (griech. = Erkenntnis, Meinung)
Kurzer Sinnspruch in Vers oder Prosa, meist lehrhaft-ethischen Inhalts (= Sentenz). Neben authentischen Gnomensammlungen (z. B. des Theognis v. Megara, 500 v. Chr.) existieren zahlreiche Fälschungen. In der röm. Literatur sind die *'Dicta Catonis'* bekannt (nur zum geringen Teil authentisch).

Gradatio → Klimax.

Grammatische Figur Rhetorische → Wortfigur, die eine grammatische Unregelmäßigkeit hervorruft; bes. → Constructio ad sensum.

H

Hebung (moderner) Begriff der → Metrik: in → akzentuierender Dichtung für betonten Versteil (→ Iktus), in → quantitierender (lat.-griech.) Dichtung für den Versteil, in dem ausschließlich oder überwiegend eine Länge steht. Umgekehrt entspricht (mod.) **Senkung** unbetontem bzw. durch eine oder zwei Kürzen ausgefülltem Versteil. S. a. → Akzent.

Hellenismus (von dem Gelehrten Droysen, 19. Jh., nach griech. Hellas = Griechenland geprägter Begriff für:)
Die Zeit von Alexander d. Gr. bis Christi Geburt. Je nach Sprachgebrauch (unterschiedlich im deutschen, französischen und englischen Sprachraum) wird der historische Aspekt (Gründung und Entwicklung der Diadochenreiche, Eingliederung in das röm. Reich), der sprachlich-kulturelle (z. B. Aufstieg des Griechischen – als Koine – zur Weltsprache, Kosmopolitismus) oder der literarische Aspekt betont. Zentrum von Literatur und Wissenschaften waren Alexandria (→ Alexandriner) und Pergamon mit ihren großen Bibliotheken. Zu den größten Leistungen des H. zählt die Schöpfung der zwei großen philosophischen Schulen der Epikureer und der Stoiker.

Hemiepes (griech. Subst. neutr. = 1/2 Epos⟨vers⟩, Hexameter; von lat. Grammatikern erfundener Terminus)
Vers; nach antiker Theorie = Hälfte des → Pentameters (!); nach moderner Theorie = Hexameterhälfte vor der häufigsten → Zäsur (Penthemimeres). →

Schema: –́⏑⏑|–́⏑⏑|–́
flumina praetereunt, *Horaz, carmen 4,7,4 – vgl.* arma virumque cano, *Vergil, Aeneis 1,1.*

Hendekasyllabus (griech. hendeka = elf, syllabe = Silbe)
→ Choriambischer Vers, auch Phalaeceus genannt. Erweiterung des → Glykoneus um einen → Bakcheus.
Schema: –́–|–́⏑⏑–́|⏑–́|⏑–́– (selten am Anfang ⏑– oder –⏑ statt ––).
Häufig bei CATULL, MARTIAL.
vivamus, mea Lesbia, atque amemus, *Catull 5,1.*

Hendiadyoin (griech. = eins mittels zwei)
(1) Ausdruck einundderselben Vorstellung durch zwei Wörter derselben Wortart, um des Nachdrucks willen;
(2) Zerlegung eines komplexen Begriffs in zwei gleichrangige Wörter, zur Betonung der Gleichwertigkeit beider Aspekte durch Beiordnung statt attributiver Unterordnung.
(1) fundere ac fugare = endgültig in die Flucht schlagen; (2) natura pudorque (= natürliche Schüchternheit), *Cicero, pro Roscio 9.*

Hephthemimeres → Zäsur.

Hexameter (griech. hex = sechs, metron = Maß)
Sechsfüßiger Vers mit dem Versfuß → Daktylus (–⏑⏑); alle Daktylen (sehr selten der fünfte: → Spondiacus) können durch Spondeus (––) ersetzt werden; der sechste Fuß ist Spondeus oder → Trochäus (→ Syllaba anceps; → Katalexe). Gliederung, Einschnitte: s. → Zäsur, → Diärese (2).
Schema: –́⏑̄⏑̄|–́⏑̄⏑̄|–́⏑̄⏑̄|–́⏑̄⏑̄|–́⏑⏑|–́x
Wortakzent und → Versakzent stimmen in der zweiten Hexameterhälfte meist überein.
Der H. ist seit HOMER der Vers des → Epos (deshalb „versus heroicus"). Wichtigste röm. Vertreter: ENNIUS (*'Annales'*), VERGIL (*'Bucolica', 'Georgica', 'Aeneis'*), LUKREZ (→ Lehrgedicht *'De rerum natura'*), OVID (*'Metamorphosen'*), HORAZ (*'Sermones', 'Epistulae'*).
H. in Verbindung mit → Pentameter als → Distichon in der → Elegie.
Bes. Beispiele: quadripedante putrem sonitu quatit ungula campum, *Vergil, Aeneis 8,596 (berühmt: fünf Daktylen drücken → lautmalerisch die Eile des Rittes aus);*
qui te lenirem nobis, neu conarere, *Catull 116,3 (einziger H. der Klassik ganz ohne Daktylen).*

Hiat (lat. hiatus = Gähnen, Offenhalten des Mundes)
Unterbleiben der → Elision im Vers; bei den altlat. Szenikern (bes. PLAUTUS) recht häufig, in der klassischen Dichtung selten, am Versende aber ohne weiteres zulässig.
quare cur te iam | amplius excrucies? *Catull 76,10 (H. in der → Diärese).*

Hinkjambus Jambischer Vers, gebaut wie der → jambische Trimeter, jedoch ist der letzte Fuß nicht → Jambus, sondern → Trochäus (→ Anaklasis).
Schema: x–́⏑–́|x–́⏑–́|x–́–́x.
Der H., mit seinem Rhythmus „gegen den Strich", hat meist, nicht immer (s. Bsp.), komischen oder satirischen Inhalt.
miser Catulle, desinas ineptire, *Catull 8,1.*

Historiae → Geschichtsschreibung (2).

Historiographie (griech. =) → Geschichtsschreibung.

Homoioteleuton (griech. neutr. = gleich endend)
Rhetorische Figur: antike Vorstufe zum → Reim: Wiederkehr gleicher Endsilben, zur Bindung von → Parallelismen. (Öfter am Ende der → Hexameter-Hälften.)
homo sine re, sine fide, sine spe, sine sede, *Cicero, pro Caelio 78.*
lumina versarunt, animam simul exhalarunt, *Ovid, Metamorphosen 6,247.*

Humanismus (lat. humanitas = am Menschen orientierte allgemeine Bildung)
Wissenschaftliche, bes. theologisch-geisteswissenschaftliche Bewegung der Renaissance, der von Italien ausgehenden Epoche des 14.–17. Jh., die mit der Wiederentdeckung der antiken Kunstgesetze und -maßstäbe und des antiken Lebensgefühls sowie der Schaffung eines neuen Menschenbildes – homo universalis – das Mittelalter ablöste. Der H. verband mit der Rückbesinnung auf das (idealisierte) klassische Altertum das Ziel, die Gesamtpersönlichkeit des Menschen im Sinne der humanitas Ciceros neu zu bilden. Konkrete Züge des H. waren u. a.: Wiedererweckung des Lateinischen und Griechischen nach dem Vorbild der Klassiker, Wiederentdeckung antiker Autoren, Auffinden verschollener Texte, Weiterentwicklung der philologischen Methoden (Edition von Texten, → Textkritik), kritischer Vergleich der antiken (bes. griech.) philosophischen Erkenntnisse mit der christl. Tradition (eine der Triebfedern der Reformation!).
Der H. nahm in Italien schon im 14. Jh. seinen Ausgang (PETRARCA, 1304–1374, gilt als Vater der Bewegung) und griff erst gegen Ende des 15. Jh. auf den Norden Europas über, wo er durch die Reformation eine spezifische Färbung erhielt. Bedeutende Humanisten waren: ERASMUS VON ROTTERDAM und sein Freund THOMAS MORUS, JOHANNES REUCHLIN, dessen Eintreten gegen die von Kaiser Maximilian und der Kölner Universität unterstützte Forderung, alle Schriften der Juden verbrennen zu lassen, ihm eine Anklage wegen Ketzerei eintrug, und das war der Anstoß zu den sogenannten Dunkelmännerbriefen – *'Epistolae virorum obscurorum'* –, der wohl gelungensten → Satire des Mittelalters und der Renaissance, in der Humanisten der Zeit wie CROTUS RUBEANUS und ULRICH VON HUTTEN mit → ironischen Mitteln die Haltung Reuchlins und damit Toleranz und Freiheit der Wissenschaften verteidigten; KONRAD CELTIS und PHILIPP MELANCHTHON, der als Anhänger der Reformation in der Art des Erasmus für die Versöhnung der Gegensätze eintrat.
Abgesehen von seinem historischen Bezug ist der Begriff noch heute gebräuchlich sowohl in der Bedeutung einer Bildung auf der Basis der antiken Sprachen und Kultur als auch in der einer Geisteshaltung, die den Menschen in den Mittelpunkt von Kunst, Wissenschaft und Philosophie stellt.

Hymnus (griech./lat.; Etymologie umstritten)
Preislied auf Götter oder Heroen in → Hexametern oder → Distichen;

z. B. (griech.) *'Homerische Hymnen'*, KALLIMACHOS, PINDAR; (lat.) HORAZ' *'Carmen saeculare'*, CATULLS *'Dianahymnus'* (c.34). Im Mittelalter von AMBROSIUS für die christl. Liturgie umgeformt (stets strophisch gegliedert und mit Endreim).

Hypallage (griech. = Vertauschung)
Veränderung der Wortbeziehung, meist in der Form der H. adiectivi = → Enallage.

Hyperbaton (griech. = Übersteigendes)
Trennung zweier syntaktisch zusammengehörender Wörter (z. B. Substantiv – Adjektiv) durch einen oft beträchtlich langen Einschub; auch **Sperrung** genannt. Durch das H. wird das vorangestellte Wort betont; in der → Poesie dürften oft auch metrische Gründe mitspielen.
plus in oratione tali dignitatis quam fidei erat, *Tacitus, Annalen 1,11.*

Hyperbel (griech. Subst. fem. hyperbole = Übermaß)
→ Trope: übertreibender Ausdruck; zur Intensivierung und Veranschaulichung.
Der Balken im Auge. – Catilinam orbem terrae caede atque incendio vastare cupientem, *Cicero, in Catilinam 1,1,3.*

Hyperbolie = → Hyperbel.

Hypermeter (griech. hypermetros = übermäßig)
Vers mit überzähliger Silbe, die vor vokalischem Anlaut des nächsten Verses elidiert wird. Beispiel unter → Synaphie.

Hypotaxe (griech. = Unterordnung)
Anordnung der Gedanken in Haupt- und Nebensätzen nach logischen Zusammenhängen; Strukturmerkmal des → Periodenbaus, z. B. bei CICERO. Gegensatz: → Parataxe.

Hysteron proteron (griech. = das Spätere als Früheres)
Sinnfigur: Stellung des zeitlich Späteren oder logisch Folgenden vor dem zeitlich Früheren oder logisch Vorausgehenden; zur Betonung des Wichtigeren.
moriamur et in media arma ruamus, *Vergil, Aeneis 2,353.*

I

Idyll(e) (Etymologie umstritten; vielleicht aus griech. eidos = Stilart, Tonart; daraus eidyllion = Gedicht in individuellen Tönen gehalten)
'Eidyllia' war der Titel einer Sammlung von Hirtengedichten des THEOKRIT (3. Jh. v. Chr.); danach wurde der Begriff allgemein auf beschauliche Hirtenpoesie übertragen. Bedeutendster röm. Vertreter der Gattung ist VERGIL mit seinen → Eklogen (= *'Bucolica'*), die Vorbild für die „idyllische" Hirtendichtung der Renaissance und des Barock wurden.

Iktus (lat. = Schlag)
Tonverstärkende (exspiratorisch-dynamische) Hervorhebung des starken Taktteils (→ Hebung) im Versschema; s. a. → Akzent.

Imitatio (lat. = Nachahmung)
Grundbegriff der antiken Kunst- und Literaturtheorie. I. als Nachahmung und geistige Aneignung literarischer Vorbilder galt als legitimer Weg dichterischer Gestaltung, sofern sie sich nicht in unselbstän-

diger Nachäfferei erschöpfte, sondern im Bestreben mündete, es dem Vorbild auf eigene Weise gleichzutun oder es sogar zu übertreffen *(aemulatio)*. Dies gilt bes. von der röm. Literatur, die im Anschluß an die und in der Auseinandersetzung mit der griech. Dichtung zu ihrer Originalität fand.

Inkonzinnität (lat. in-concinnus = nicht zusammengefügt)
Syntaktische → Variatio.

Institutio (lat. = Anweisung)
Didaktisch konzipierte Einführung in ein Wissensgebiet; z. B. Recht: GAIUS, JUSTINIAN; Literatur: QUINTILIAN.

Intellectio (lat. = ⟨Mit-⟩Verstehen)
= → Synekdoche.

Inter|positio (-clusio, -iectio) lat. für → Parenthese.

Interpretatio Romana (lat. = röm. Auslegung)
Übertragung römischer Begriffe und Vorstellungen auf nichtrömische, bes. barbarische Völker (z. B. auf germanische Götter und Institutionen in TACITUS' *'Germania'*).

Invektive (lat. invehi = auf jmdn. losgehen)
Literarischer, persönlicher, politischer Angriff in Rede und Schrift. Vertreter: ARCHILOCHOS (7. Jh. v. Chr.), CATULL, SALLUST, MARTIAL, JUVENAL.

Inventio → Officia oratoris.

Inversion (lat. = Umkehrung)
Veränderung der üblichen Wortstellung im Satz, insbesondere
(1) Umkehrung der Reihenfolge Subjekt – Prädikat in Fragesätzen (grammatische I.).
(2) Abweichen von der grammatischen Ordnung aus Gründen der Hervorhebung (betontes Wort am Satzanfang oder -ende), des Wohlklangs, der Deutlichkeit.
(1) potestne tibi ... huius caeli spiritus esse iucundus, *Cicero, in Catilinam 1,6,15;*
(2) argentum et aurum *(Objekt!)* propitiine an irati dii negaverint, dubito, *Tacitus, Germania 5.*

Ironie (griech. eironeia = Verstellung)
→ Trope: Ausdruck einer Sache durch ihr Gegenteil. Vgl. → Sarkasmus. Mittel des Spotts und der → Satire, Ausdruck humorvoller oder bitterer Kritik.
iste bonus imperator, *Cicero über Verres, in Verrem 2,5,26.*

Isokolon (griech. isos = gleich, kolon = Glied)
Rhetorische Figur: Form des → Parallelismus: gleiche Silben- u. Wortzahl bei zwei oder drei koordinierten Gliedern – mit musikalischer und verdeutlichender Wirkung.
ad hanc te amentiam natura peperit, voluntas exercuit, fortuna servavit, *Cicero, in Catilinam 1,10,25.*

Iteratio (lat. = Wiederholung)
Zusammenfassender Ausdruck für → Anapher, → Epipher, → Anadiplose, → Epanalepse.

J

Jambischer Dimeter (griech. di- = doppel-, metron = Maß)
Vers, aus zwei jamb. Metren, d. h. vier Jamben bestehend (→ Jambus), ohne → Katalexe. →

Schema: x–́∪–́|x–́∪x́.
Die innere, d. h. innerhalb eines Metrums stehende →Senkung ist immer eine Kürze; die ersten zwei →Hebungen können (selten) durch je zwei Kürzen ersetzt werden.
Der j.D. kommt in Verbindung mit dem →jambischen Trimeter vor.
(beatus ille, qui procul negotiis,) ‖ ut prisca gens mortalium, *Horaz, Epode 2,1/2.*

Jambischer Trimeter (griech. tria = drei, metron = Maß)
Vers bestehend aus drei jambischen Metren = sechs Jamben (→Jambus), nur sehr selten mit →Katalexe. Vgl. →Senar.
Schema: x–́∪–́|x–́∪–́|x–́∪x́.
Die innere Senkung eines Metrums ist immer eine Kürze; die äußere (d. h. erste) Senkung eines Metrums kann aus einer Länge oder (sehr selten bei HORAZ und MARTIAL) aus 2 Kürzen bestehen. Die →Hebungen außer der letzten können (in der Klassik selten) in zwei Kürzen aufgelöst sein.
Der j.T. tritt allein oder als Zweizeiler, z. B. in Verbindung mit dem →jambischen Dimeter, auf.
Quid est, Catulle, quid moraris emori? *Catull 52,1.*

Jambographie (griech. iambos = Jambus, graphein = schreiben)
Spott- und Schmähdichtung, meist in jambischen Maßen; Begründer ist ARCHILOCHOS (7. Jh. v. Chr.); römische Vertreter sind z. B. CATULL, HORAZ.

Jambus (1) →Versfuß aus Senkung und Hebung (∪–); zwei Jamben = ein jambisches →Metrum (x–∪–).
(2) Altgriech. Spottgedicht (-vers).

K

Katabasis (griech. = Abstieg)
Fallende Handlung nach der →Peripetie im →Drama.

Katachrese (griech. = Mißbrauch)
(1) Notwendige →Metapher, weil eigenes Wort fehlt (Bsp. pes = Fuß für Versfuß).
(2) Verstoß gegen die Bildeinheit, Stilblüte.

Katalektisch →Katalexe.

Katalexe (griech. katalegein = aufhören)
Ein Vers schließt entweder mit einem vollen →Versfuß bzw. →Metrum (dann ist er akatalektisch) oder mit einem unvollständigen Fuß bzw. Metrum: dann ist er katalektisch (er zeigt K.).
Der →Hexameter ist immer katalektisch, da er mit →Spondeus (bzw. →Trochäus), nie mit →Daktylus schließt; der →jambische Trimeter ist immer akatalektisch, da er stets mit einem vollen jambischen Metrum schließt.

Katharsis (griech. = Reinigung)
Von ARISTOTELES geprägter Begriff für die Wirkung der →Tragödie (Erschütterung, Mitleid, Furcht angesichts des Untergangs des Helden beim Zusammenstoß seiner Wertewelt mit anderen Werten oder Gewalten) als Reinigung dieser Leidenschaften. Die Interpretation dieser Definition variiert von befreiender Erleichterung von Affekten, moralischer Abschreckung (Opitz), moralischer Läuterung (Lessing) bis zur ästhetischen Abrundung des Kunstwerks (Goethe) und ist heute noch umstritten.

Katastrophe (griech. = Wendung)
Entscheidender Wendepunkt mit Lösung des Konflikts am Abschluß der Handlung in der → Tragödie (Untergang des Helden) und der → Komödie (humorvolle Wendung zum Guten).

Klangfigur Rhetorische Figur, die – bes. durch gleichen Anlaut (→ Alliteration) oder gleichen Auslaut (→ Homoioteleuton) – eine besondere Klangwirkung erzeugt.

Klausel (lat. clausula = Schluß)
Rhythmischer Satzschluß in der Prosa nach bestimmten Regeln, entwickelt in der griech. → Rhetorik; bes. von CICERO übernommen. Wichtigste Klauseln: → Kretikus plus → Trochäus: –∪–|∪–; Dikretikus: –∪–|–∪–; (Kretikus plus) Ditrochäus (od. –spondeus): (–∪–)|–x|–x; Hypodochmius: –∪–∪–. Vermieden wird → Daktylus (–∪∪).

Kleinepos = → Epyllion

Klimax (griech. = Leiter)
Steigerung von Aussageinhalt oder -kraft durch entsprechende Anordnung von Wörtern, Wortgruppen oder Sätzen; oft zusammen mit → Gesetz der wachsenden Glieder. Beispiel s. d.

Kolon (plur. Kola) (griech. = Glied)
(1) In der → Rhetorik kleinste selbständige Sinneinheit innerhalb einer → Periode.
(2) In der → Lyrik Vers, der nicht in einer Reihung gleicher → Versfüße besteht; z. B. → Hendekasyllabus, → sapphischer Elfsilbler.

Kommos (griech. Subst. masc. von koptein = ⟨Haupt u. Brust zum Zeichen der Trauer⟩ schlagen)
Wechselgesang mit dem Charakter eines Klageliedes, in der → Tragödie.

Komödie (griech. komazein = ausgelassen schwärmen – so Aristoteles – oder: kômos = Umzug beim Zechgelage; odé = Gesang)
Ursprung umstritten, wahrscheinlich sind verschiedene Elemente (spöttische Lieder bei Phallusprozessionen, tanzender Maskenchor, dorische Posse u. a.) zusammengeflossen und haben eine relativ feste Form entwickelt, bis schließlich ein Wettkampf von fünf K.n an den Dionysien eingeführt wurde.
Kernstück der „Alten Komödie" (5. Jh. v. Chr.) war die *Parabase*, eine komische Chorszene; daran schloß sich oft der *Agon* an, eine Streitszene zwischen Chor und einem Schauspieler; Aristophanes (s. u.) entlehnte zudem Teile der → Tragödie (z. B. → Parodos, → Epeisodia). Inhalte: Erregung von Heiterkeit, persönlicher Spott, schonungslose Kritik an öffentlichen, politischen, literarischen Verhältnissen und Personen. Bedeutendster Vertreter: ARISTOPHANES (ca. 450–380 v. Chr.) mit elf erhaltenen K.n.
Die „Mittlere K." (ca. 400–320) läßt allmählich den Chor entfallen und wird zur Tragödien- und Mythenparodie oder zur Typensatire. In der „Neuen K." – Hauptvertreter: MENANDER, ca. 342–293 v. Chr. – werden die Stoffe aus dem Alltagsleben entnommen, mit typischen Gestalten wie gewitzter Sklave, Tölpel, geiziger Vater, liederlicher Sohn; das Handlungsschema (5 Akte) besteht oft aus Trennung von Liebenden, gefährli-

chen Verwicklungen und Vereinigung im „happy end".
Die römische K. des PLAUTUS und TERENZ (um 200 v. Chr.) entlehnt im wesentlichen Stoffe und Typen aus der Neuen K. (→ Palliata); bes. bei Plautus Verstärkung des musikalischen Elements (Flötenzwischenspiele, → Cantica). Nachdem die *Palliata* durch die → *Togata* abgelöst worden war, verdrängte in der Kaiserzeit der → *Mimus* die K.
Die Nachwirkung der röm. K. reicht bis in die Gegenwart: Im Mittelalter wurde Terenz oft nachgeahmt (HROSVITH VON GANDERSHEIM), ab der Renaissance wird der Einfluß des Plautus stärker (PETRARCA, Ariosto, Molière, Shakespeare, Kleist, Giraudoux, Wilder).

Konjektur → Textkritik (3).

Kontraktion (lat. = Zusammenziehen)
In → Prosa und → Metrik: mögliches Zusammenziehen von zwei innerhalb eines Wortes zusammenstoßenden Vokalen ähnlicher Klangfarbe zu langem Vokal oder Diphtong. Vgl. → Synizese.
Beispiele: deest – dēst; deicere – dēicere.

Konzinnität (lat. concinnus = zusammengefügt)
Ebenmaß und Symmetrie im Aufbau einer → Periode.

Korruptele → Textkritik (2).

Kretikus (griech. = ⟨Tanzversmaß⟩ aus Kreta)
→ Versfuß (5); Schema: –◡–.

Kritischer Apparat (lat. apparatus = Ausstattung, griech. kritikos = urteilsfähig, beurteilend)
Wissenschaftliche Ausgaben antiker Autoren enthalten am Fuß jeder Seite einen k.A., der zu den infolge der schwierigen → Textüberlieferung unsicheren bzw. umstrittenen Textstellen jeweils die Lesarten der Handschriften und die wichtigsten → Konjekturen angibt.
Tacitus, Agricola 30,1 (ed. Koestermann, Teubner, Leipzig 1962): nam et universi coistis et servitutis expertes et ... *Im k.A.:* coistis et E: colitis et T om. A B (et del. Gud.) – *Erklärung: Der Herausgeber hat die Lesart des 1902 aufgefundenen* → Codex rescriptus Aesinas (E) *übernommen; die Handschrift* T(oletanus), *eine Abschrift des* E *aus dem 15. Jh., hat die Lesart* colitis et *(offenbar ein Flüchtigkeitsfehler), die Handschriften* A *und* B *(15. Jh.) weisen diese Stelle überhaupt nicht auf* (om. = omiserunt) *und der Philologe* Gudemann *wagte eine (zweifelhafte)* → *Konjektur: er tilgte* (del. = delevit) *das mittlere* et, *wohl deshalb, weil es logische Schwierigkeiten macht.*

Kyklos (griech. = Kreis)
Rhetorische Figur: Einrahmung einer Wortgruppe (Satz, Vers) durch dasselbe Wort in gleicher oder abgewandelter Form. Der K. kann als Kombination von → Anapher und → Epipher aufgefaßt werden.
„Si me amas", inquit „paulum hic ades." „Interream, si ...", *Horaz, Satire 1,9,38.*

L

Latinitas → Stilqualitäten.

Laudatio funebris Röm. Lob- und Grabrede, die von einem nahen Verwandten oder einem Magistrat über die Leistungen eines verstorbenen Aristokraten und seines Geschlechts gehalten wurde. Sie ist eine der Wurzeln der röm. → Biographie.

Lautmalerei → Onomatopœie.

Lectio difficilior (lat. = schwierigere Lesart)
Sind mehrere Lesarten (→ Textkritik) zu einer Textstelle überliefert, so ist die schwierigste (ungewöhnlichste Schreibweise, ausgefallenste Wendung) wahrscheinlich die authentische, weil sie gerade durch ihre Schwierigkeit als Fehlerquelle beim Abschreiben dienen mochte.

Legende (lat. legenda = das zu Lesende)
(1) Ursprünglich das Vorlesen eines Stücks aus dem Leben eines christl. Heiligen, dann die erstaunlich-wunderbare Erzählung selbst. Zwei Formen: Heiligenlegenden zur geistlichen Belehrung (z. B. *'Acta Sanctorum'*, die offizielle katholische Legendensammlung) und Volkslegenden, die mündlich überliefert wurden und sich nicht auf christl. Glaubensinhalte beschränkten.
(2) Erzählungen über antike Gottheiten und Helden, die dann literarisch ausgestaltet wurden (z. B. in OVIDS *'Metamorphosen'*), werden literaturwissenschaftlich zuweilen ebenfalls als L.n bezeichnet.

Lehrgedicht Vermittlung von Wissen (z. B. Naturwissenschaften, Philosophie) in poetischer Form (meist → stichischer → Hexameter) zum Zwecke der Verbindung des didaktischen Elements mit dem ästhetischen Genuß (Horaz: *prodesse et delectare*); z. B. (griech.) HESIOD (um 700): *'Theogonie'*, PARMENIDES (5. Jh. v. Chr.): philosophisches L.; (röm.) LUKREZ: *'De rerum natura'*, VERGIL: *'Georgica'*, HORAZ: *'Ars poetica'*.

Lemma(ta) (griech. Subst. neutr. ⟨plur.⟩ = Empfangenes)
Stichwort (-wörter) in einem Lexikon; Angabe(n) der Bezugsstelle(n) in einem Text, z. B. im → kritischen Apparat.

Liebeselegie → Elegie.

Liebesroman → Roman.

Lied → Lyrik, → Tragödie, → Komödie.

Liquida → Muta cum liquida.

Literaturbrief → Brief (3).

Litotes (griech. Subst. fem. = Einfachheit)
→ Trope: Umschreibung eines positiven Begriffs durch die Negation seines Gegenteils.
Beabsichtigte Wirkung: → Emphase durch (scheinbare) Untertreibung, → Ironie.
z. B. non ignoro: ich weiß sehr wohl

Locus communis (lat. = Gemeinplatz) = → Topos (2).

Lyrik (griech. lyra = Leier)
Ursprünglich nur das zur Lyra gesungene Lied, vorgetragen entweder von einzelnen (monodische L., besonders in Aeolien: SAPPHO, ALKAIOS) oder einstimmig von einem Chor (bes. von den Doriern gepflegt). → *Elegie*, → *Epigramm*, → *Jamben* (letztere in Jonien beheimatet: ARCHILOCHOS), die schon früh nicht mehr gesungen, sondern rezitiert wurden, zählten erst seit den → Alexandrinern zur L.
Die monodische L. (kaum die

Chorlyrik, die eher kultischen und offiziellen Charakter hatte) zeichnet sich besonders durch Unmittelbarkeit im Ausdruck innerseelischer Vorgänge, Subjektivität, Intensität aus – Merkmale, die auf viele Gedichte CATULLS zutreffen, des ersten großen röm. Lyrikers, der griech. Vorbilder (bes. Alexandriner) in die röm. Literatur einführte (→ Imitatio). Bei HORAZ, der vor allem die äolischen Formen der L. wiederaufnahm, tritt die Subjektivität etwas zurück zugunsten einer äußersten sprachlichen Durchformung des Inhalts zum Sprachkunstwerk.
Beliebte lyrische Formen sind z. B. → *Ode* oder → *Hymnus* in einer großen Zahl von Versmaßen (→ Kolon 2).

M

Märchen Kürzere volkstümliche, meist mündlich überlieferte Prosaerzählung wunderbaren Inhalts (übernatürliche Begebenheiten, redende Tiere, verwunschene Menschen u. ä.), die meist auf der einfachen ethischen Weltordnung beruht: Belohnung des Guten, Bestrafung des Bösen. In der Antike nicht als selbständige Gattung existent, sondern Bestandteil meist → epischer Dichtungen (z. B. in OVIDS *'Metamorphosen'*; *'Amor und Psyche'* in den *'Metamorphosen'* des APULEIUS).

Mauerschau Dramaturgisches Mittel, das gleichzeitig zur Bühnenhandlung ablaufende Ereignisse, die aus verschiedenen Gründen (Bühnentechnik, Wahrung der → Einheit des Ortes) nicht dargestellt werden sollen oder können, in die Handlung einbezieht. Dabei beschreibt ein Spieler von einem erhöhten Punkt im Bühnenraum aus (Mauer, Turm o. ä.) das Geschehen, als ob es sich im Hintergrund abspiele. Häufig in der → Tragödie angewandt.

Memoria → Officia oratoris.

Menippeische Satire (→ Satire nach Art des Kynikers Menippos von Gadara, 3. Jh. v. Chr.)
Form der → Satire, gekennzeichnet durch Mischung von Prosa und Vers (Prosimetra). Röm. Vertreter: VARRO (116–27 v. Chr.), er führte sie in Rom ein; SENECA: *'Apocolocyntosis'*, PETRON: *'Satyricon'*.

Metabole (griech. = Abwechslung) = → Variatio.

Metapher (griech. metaphora = Übertragung)
→ Trope: Übertragung eines an sich fremden (vgl. → Metonymie), im entscheidenden Punkt aber vergleichbaren Begriffs (a) auf einen anderen (b), wobei der Vergleich nicht ausgeführt wird („a = b"), sondern a an die Stelle von b tritt. **Metaphorischer Gebrauch** eines Wortes: uneigentlicher, übertragener G. – Funktion: Veranschaulichung, Verdeutlichung, Poetisierung.
mule, nihil sentis, *Catull 83,3;* Flußbett *(vgl. → Katachrese).*

Metaplasmus (griech. = Umformung)
Erlaubte Abweichung vom allgemein gültigen Sprachgebrauch im Einzelwort (Gegensatz: → Barbarismus). Formen des M.:

→ Aphärese, → Epenthesis, → Prothesis, → Paragoge, → Synkope, → Systole und → Diastole.

Metonymie (griech. = Umbenennung)
→ Trope: Ersetzung eines Begriffs durch einen anderen, der zu ihm in räumlicher, zeitlicher oder ursächlicher Beziehung steht (vgl. → Metapher); zur Verdichtung, Ausdruckssteigerung.
cedant arma togae, concedat laurea laudi, *Cicero, de officiis 1, 77.*

Metrik (griech. metrike techne = Verskunst)
Lehre von den → Versmaßen, → Versen und → Strophen.

Metrum (griech. metron = Maß)
(1) = → Versmaß.
(2) Kleinste Einheit des → Verses, aber nicht immer gleich → Versfuß, da erst zwei → Jamben, → Trochäen und → Anapäste ein M. ergeben; ein → Daktylus ist gleichzeitig Fuß und M. Nach der Zahl der Metra unterscheidet man Monometer (Verse mit einem M.), Dimeter (z. B. → Jambischer Dimeter), Trimeter (z. B. → Jambischer T.), Tetrameter, → Pentameter, → Hexameter.

Mimus (griech. = Schauspieler und dessen Darbietung)
Ursprünglich unliterarische, possenhafte, derb-drastische Darstellung aus dem Alltagsleben zur Volksbelustigung; erobert ca. 300 v. Chr. die Bühne; verdrängt in Rom als Nachspiel der → Tragödie seit 46 v. Chr. die → Atellane und ist in der Kaiserzeit die beliebteste Form des Theaters. Elemente des M. leben u. a. in der → Commedia dell'arte weiter (z. B. Typen wie der *parasitus*, der grimassenschneidende *sannio*, der *stupidus*). Einfluß auf die → Satire (z. B. PETRONS *'Satyricon'*).

Monodie (griech. =)
(1) Einzelgesang, Form der → Lyrik.
(2) Lyrische Partie eines Schauspielers in der → Tragödie.

Monographie (griech. monos = einzig, graphein = schreiben)
Literarische oder wissenschaftliche Darstellung eines eng begrenzten Problems, einer Einzelpersönlichkeit u. a. (z. B. SALLUSTS M. über Catilina).

Monolog (griech. monos = allein, logos = Wort, Rede)
Selbstgespräch; Form der → Lyrik („Miser Catulle", CATULL 8) und bes. des → Dramas (→ Tragödie, → Komödie), wo der M. in der Antike erst mit dem Zurücktreten des Chores wichtig wird (als Prolog dort häufig Mittel der → Exposition).

Mora (lat. = Weile)
Begriff der Metrik: zur Aussprache einer kurzen Silbe erforderliche Zeitdauer; entsprechend: zwei Moren für eine Länge.

Motiv → Topos.

Muta cum liquida (lat. vox muta = Verschlußlaut: b, p, d, t, g, c; vox liquida = Fließlaut: eigentlich nur l, r; dazu die Nasallaute m, n)
Regel der Metrik: Folgt auf einen naturkurzen Vokal im selben Wort m.c.l., so kann lang oder kurz gemessen werden (→ Syllaba anceps). Gehören die Konsonanten m.c.l. verschiedenen Silben in zusammengesetzten Wörtern oder zwei aufeinanderfolgenden Wör-

tern an, so wird stets lang gemessen. Endet ein Wort auf eine Kürze und beginnt das folgende Wort mit m.c.l., so wird die Kürze fast nie gelängt.

et primo similis volŭcri, mox vera volŭcris, *Ovid, Metamorphosen 13,607;* āb-rumpo; ŭt rupes;
mală plurima *Catull 83,1.*

Mythos, (griech. = Wort, Erzählung)
Erzählung von Göttern, Dämonen, Helden der Urzeit, möglicherweise entstanden als naive Erklärung von Naturerscheinungen und religiösen Bräuchen; als halbgeschichtlicher M. Erzählung von frühesten Kriegen und Helden, oft verschmolzen mit Göttermythen (z. B. Trojanischer Krieg). Die Bedeutung des M. für die Literatur kann nicht hoch genug eingeschätzt werden; er befruchtete in weiten Bereichen sowohl die griech. Dichtung (z. B. HOMER, HESIOD) als auch die röm. (z. B. OVID) und durch sie die Literatur bis zur Gegenwart.

N

Naenia (lat. = Grabgesang)
Unliterarischer frührömischer Klage- und Lobgesang von weiblichen Verwandten oder gemieteten Klageweibern bei einem Begräbnis; abgelöst durch die → Laudatio funebris; später Begriff für Grabgedicht.
Parodie auf die N.: SENECAS *'Apocolocyntosis'* 12. Gedichttitel bei Schiller.

Narratio → Partes orationis.

Naturlänge → Quantität.

Neoteriker (griech. neoteroi = die Neueren)
Römischer Dichterkreis (Mitte 1. Jh. v. Chr.), der in Ablehnung der herrschenden Dichtungsauffassung die „kleine" Form der → Alexandriner (bes. Euphorion, KALLIMACHOS: 3. Jh. v. Chr.) vertrat (→ Epyllion, → Epigramm, → Invective, → Elegie). Weitere Kriterien: feine, geschliffene Technik, → Konzinnität, gelehrter Inhalt, aber auch subjektive → Lyrik. Vertreter: Valerius Cato, LICINIUS CALVUS, bes. CATULL.

Novelle (ital. = Neuigkeit)
Vorläuferin der modernen N. als mündlich vorgetragene, witzige oder erbauliche Geschichte, die Eingang in die Literatur erlangt; z. B. *'Milesische Geschichten'* des Aristeides von Milet, ca. um 100 v. Chr.: einflußreich, aber nicht erhalten); PETRONS N. von der Witwe v. Ephesos (im *'Satyricon'*).

O

Occupatio (lat. = Beschlagnahme)
Rhetorische Figur: Vorwegnahme eines vorauszusehenden Einwands des (Prozeß-)Gegners, um ihm den Wind aus den Segeln zu nehmen.
dicet aliquis nunc me vocare ad pilleum servos: Nun wird jemand sagen/ einwenden ... *Seneca, Epistulae morales 47, 18*

Ode (griech. = Gesang)
Singbare lyrische Dichtung in bestimmten Maßen oder Strophensystemen (z. B. → sapphische Strophe); lat. Bezeichnung: *carmen.* Große Odendichter der Antike: SAPPHO, PINDAR, HORAZ.

Officia oratoris (lat. = Aufgaben des Redners)
Arbeitsgänge von der Vorbereitung bis zum Vortrag einer Rede: *inventio* = Auffinden der Hauptgesichtspunkte; *dispositio* = Stoffgliederung; *elocutio* = sprachliche Darstellung; *memoria* = Memorieren, gedächtnismäßiges Einüben; *pronuntiatio (actio)* = Vortrag.

Oktonar (lat. octonarius = achtfüßig)
Achtfüßiger → jambischer u. → trochäischer Vers; sehr unregelmäßig (ähnlich dem → Senar); von PLAUTUS und TERENZ benutzt.

Onomatopœie (griech. =)
Lautmalerei, Nachahmung von akustischen Sinneseindrücken durch sprachliche Bildungen.
quamvis sint sub aqua, sub aqua maledicere temptant *(vom Quaken der Frösche), Ovid, Metamorphosen 6,376.*

Ornatus → Stilqualitäten.

Oxymoron (griech. = scharf⟨sinnig⟩-dumm)
Rhetorische Figur: Verbindung zweier sich widersprechender Ausdrücke; zur Pointierung.
cum tacent, clamant, *Cicero, in Catilinam 1,2,1.*

P

Palimpsest (griech. palin = wieder, psestos = geschabt)
Aus Sparsamkeitsgründen wiederbeschriebenes Pergament (selten Papyrus), nachdem der erste Text durch Abschaben oder -waschen getilgt wurde. Ein aus P.en bestehendes Buch nennt man *codex rescriptus*. Durch chemische und physikalische Mittel (Infrarotphotographie, Durchleuchtung) kann der ursprüngliche Text z. T. wieder sichtbar gemacht werden. Verlorengeglaubte Werke wurden so (fragmentarisch) wieder aufgefunden, z. B. CICEROS *'de re publica'*, GAIUS' *'Institutiones'*, PLAUTUS, LIVIUS.

Palliata (lat. fabula p. = Schauspiel im griech. Kostüm; pallium = griech. Mantel)
Wichtigste Form der röm. → Komödie, die Stoff u. Kostüme aus der griech. Neuen Komödie übernahm; abgelöst von der → Togata. Wichtigste Vertreter: PLAUTUS, TERENZ.

Pandekten (griech. Subst. fem. plur. pandektai = Auszüge) = → Digesten.

Panegyrikos (griech. = Festrede)
(Ursprünglich Festrede im Sinne des → Genus demonstrativum, dann Bedeutungsverengung zu) Loblied (= → Enkomion) in den verschiedensten literarischen Gattungen: Geschichtsschreibung (PANAITIOS und POLYBIOS auf die röm. Staatsform), Rede (CICERO auf Caesar, PLINIUS auf Trajan), Dichtung (MARTIALS höfische Panegyrik).

Pantomime (-os, -us) (griech. = alles nachahmend)
Darsteller und Darstellung meist mythologischer Themen allein durch Mimik und Gestik; ein einziger P. stellte (im Unterschied zum → Mimus) in einer Aufführung alle Gestalten selbst dar.
Neben dem Mimus war die P. in der Kaiserzeit die populärste Form des Theaters.

Parabase (griech. = Abschweifung) Teil der Alten → Komödie.

Paradoxon (griech. = Unerwartetes) Scheinbar widersinnige, in sich widersprüchliche Aussage, deren Wahrheit sich erst durch tiefe Interpretation erschließt; häufig bei Stoikern zu finden. Das P. dient zum Ausdruck der Vieldeutigkeit des menschlichen Lebens und soll zum Nachdenken anregen.
Nur der Weise ist wahrlich reich (*stoisches P.*).

Paragoge (griech. = Vorüberführen) Form des → Metaplasmus: Anfügen von Lauten oder Silben an ein Wort, z. B. um einen archaischen Eindruck zu erzielen.
admittier *statt* admitti, *Vergil, Aeneis 9,231.*

Paralipse (griech. paraleipsis = Auslassung)
= → Praeteritio.

Parallelismus (griech. parallelos = gleichlaufend)
Rhetorische Figur: Wiederkehr derselben Wortfolge und Struktur (in ungefähr gleicher Wortzahl) von syntaktisch oder bedeutungsmäßig einander entsprechenden Sätzen oder Satzgliedern (s. a. → Isokolon, → Parison); mit musikalischer und verdeutlichender, oft auch entgegensetzender (→ Antithese) Wirkung.
nec inconstantiam virtus recipit, nec varietatem natura patitur, *Cicero, de re publica 3,11,18.*

Paraphrase (griech. = Hinzufügung zu einer Rede)
Erklärende und/oder erweiternde Umschreibung eines Textes oder Werks.

Parataxe (griech. Subst. fem. = Danebenstellen)
Anordnung der Gedanken in gleichberechtigten Hauptsätzen, Beiordnung (vgl. dagegen → Hypotaxe); Stilmerkmal z. B. bei PETRON (Umgangssprache) und in → Briefen.

Parenthese (griech. = Einschub)
Rhetorische Figur: Einschub eines Satzes (Gedankens) in einen Satz ohne Einfluß auf die Konstruktion; oft in (ungeduldiger) Vorwegnahme eines wichtigen Gedankens angewandt, oft auch Merkmal des lebendigen und/oder umgangssprachlichen Satzbaus.
o socii – neque enim ignari sumus ante malorum – o passi graviora, *Vergil, Aeneis 1,198.*

Parison (griech. = fast Gleiches)
Rhetorische Figur: Art des → Isokolon: Silben- bzw. Wortzahl ist nur annähernd gleich, bes. das Schlußglied etwas länger. Wirkung: musikalisch und verdeutlichend.
ut exsistat ex rege dominus, ex optimatibus factio, ex populo turba et confusio, *Cicero, de re publ. 1,45,69.*

Parodie (griech. = Gegengesang)
Verspottung einer bekannten Dichtung oder Dichtungsform durch Beibehaltung der äußeren Form und Ersetzen des ernsten durch unpassenden, lächerlichen, auf eine niedrigere Ebene herabgezogenen Inhalt. Vgl. → Travestie.
Form der → Ironie, Mittel der → Satire (Gesellschaftskritik); oft bloße Verulkung. Berühmte Beispiele: HORAZ' 2. *Epode (Landleben)*, SENECAS *'Apocolocyntosis'* (P. der Apotheose), PETRONS *'Satyricon'* (Gastmahlsliteratur, Liebesroman), ARCHIPOETA (Beichte).

Parodos (griech. Subst. fem. = Vorbeizug)
Teil der → Tragödie und der → Komödie.

Paronomasie (griech. = Wortumbildung)
Rhetorische Figur: Wortspiel durch Zusammenstellung ähnlich lautender Wörter verschiedener, manchmal gegensätzlicher Bedeutung. Ziel: Klangwirkung, Pointierung, Witz.
„Eile mit Weile";
quid moraris emori? *Catull 52,1.*

Pars pro toto → Synekdoche.

Partes orationis (lat. =) Teile der Rede, bes. der Gerichtsrede: *exordium* = Einleitung; *narratio* = Erzählung des Hergangs; *divisio (propositio/partitio)* = Präzisierung des Sachverhalts; *argumentatio* = Beweisführung, unterteilt in *confirmatio/probatio* = positiver Beweis und *confutatio/refutatio* = Widerlegung von Gegenbeweisen; *peroratio/conclusio* = Schluß.

Partitio → Partes orationis.

Pathetische Geschichtsschreibung (griech. pathos = Leiden, Schicksal)
Geschichtsschreibung, die durch Darstellung großer Persönlichkeiten und Ereignisse und durch künstlerische Gestaltung und Anordnung des Stoffs ähnlich wie die → Tragödie eine ästhetische Wirkung erstrebt; sie steht im Gegensatz zur → pragmatischen Geschichtsschreibung. Züge der p. G. finden sich bei den Annalisten der Republik und der Kaiserzeit (bes. TACITUS).

Pause im Vers: → Zäsur, → Diärese (2).

Pentameter (griech. pente = fünf, metron = Maß; der Name rührt von einer sinnwidrigen Durchzählung der Versfüße her.)
Vers aus der Verdoppelung der ersten Hälfte des → Hexameters vor der häufigsten Zäsur.
Schema: –⏕|–⏕|–‖–⏑⏑|–⏑⏑|x́.
Charakterisiert durch strenge Zweiteilung (meist Diärese nach der ersten Hälfte) und reine Daktylen (keine Spondeen) in der zweiten Hälfte. In der Klassik kommt der P. nur in Verbindung mit dem → Hexameter als elegisches → Distichon vor, z. B. in der → Elegie u. im → Epigramm.
(nuper erat medicus, nunc est vispillo Diaulus:) quod vispillo facit, fecerat et medicus, *Martial 1,47.*

Penthemimeres (griech. Subst. fem.) → Zäsur.

Percontatio (lat. percontari = fragen, forschen)
Rhetorische Figur: Form der → Anadiplose, in der ein Wort in Frageform wiederholt wird, um Eindringlichkeit zu erzielen.
hic tamen vivit. vivit? immo vero ... *Cicero, in Catilinam 1,1,2.*

Periochae (griech. periocha = das Umfassen, der Inhalt)
Kurzgefaßte Inhaltsangaben umfangreicher Werke (z. B. des LIVIUS); vgl. → Epitome.

Periode (griech. Subst. fem. periodos = Herumgehen)
1. In der Metrik: Einheit, die durch → Hiat bzw. Fehlen der → Elision, → Syllaba anceps und Wortende von der benachbarten P. getrennt ist. Perioden sind also Sprechverse wie → Hexameter, aber auch (in

der Chor→lyrik) eine begrenzte Anzahl (2–4) von → Kola.
2. In der Grammatik: Satzgefüge, das nach bestimmten Regeln in anspruchsvoller Form strukturiert ist; s.a. → Hypotaxe.

Peripetie (griech. = plötzliches Umschlagen)
Begriff der Dramaturgie: plötzlicher Umschwung des Schicksals in der → Tragödie (Wendung zum Schlimmen auf dem Höhepunkt des Dramas; → Katabasis) und in der → Komödie (Wendung zum guten Ende).

Periphrase (griech. = Umschreibung)
Rhetorische Figur: Umschreibung eines Begriffs durch mehrere Wörter – zur Ausschmückung, Vermeidung von Wiederholungen; auch als → Euphemismus.
aggeribus socer Alpinis atque arce Monoeci descendens, gener adversis instructus Eois *(d. h. Caesar und Pompeius), Vergil, Aeneis 6, 830f.*

Peroratio → Partes orationis.

Persona (Etymologie umstritten; wahrscheinlich etruskisches Fremdwort)
Im → Drama: zunächst Maske, die die Schauspieler trugen, dann auch die Figur/die Rolle.

Personifikation (lat. persona, facere)
→ Trope: Vermenschlichung abstrakter und lebloser Begriffe oder Vorgänge; zur Belebung der Rede oder der Erzählung (z. B. die P. der patria, Cicero, in Catilinam 1,7,18).

Perspicuitas → Stilqualitäten.

Phalaeceus (nach dem alexandrinischen Dichter Phalaikos benannt)
Vers = → Hendekasyllabus.

Pherekrateus (nach dem attischen Dichter Pherekrates benannt)
Vers (→ katalektischer → Glykoneus).
Schema: x́x|–́∪∪–́|x.
annos fata dederunt, *Horaz, Carmen 4,13,23.*

Philologie (griech. philos = Freund, logos = Wort)
Moderner Begriff für Literatur- und Sprachwissenschaft, die in der Antike als grammatike (griech., von gramma = Buchstabe, Schrift) bzw. grammatica (lat.) bezeichnet wurde.
Die antike Ph. nahm ihren Ausgang von der Erklärung der alten Dichter (bes. Homer) und erreichte über die Sophisten und ARISTOTELES ihren Höhepunkt in Alexandria, wo an der Bibliothek (Museion) eine Reihe von Dichtern und Philologen (KALLIMACHOS, Eratosthenes, Dionysios Thrax, Aristarch u. a., → Alexandriner), durch Sammlung, Kommentierung und Edition griechischer Literatur und durch Forschungen über Gattungsgeschichte, Echtheitsfragen und Grammatik Unschätzbares leisteten.
Bedeutende röm. Philologen, die die Methodik von den Griechen übernahmen, waren VARRO (*'De lingua Latina'*), QUINTILIAN (*'Institutio oratoria'*), PROBUS (→ textkritische Ausgaben zu Lukrez, Vergil und Horaz; Sprachforschungen; → Scholien).
Die Begriffe dieses Lexikons wurden größtenteils von antiken Philologen geprägt.

Pistislehre (griech. pistis = Beweis)
In der → Rhetorik: Lehre von den Beweisen, angewandt in der → Probatio.

Pleonasmus (griech. = Überfluß)
An sich überflüssiger Zusatz zu einer Aussage, so daß das Gemeinte sprachlich mehrfach zum Ausdruck kommt. Zweck: Nachdruck und Verdeutlichung; oft aber auch als nachlässiger Stil.
nil nimium studeo, Caesar, tibi velle placere, *Catull 93,1;* ein weißer Schimmel.

Poesie (griech. poiesis = Dichtung)
Gebundene, d. h. durch eine strenge Ordnung in der Aufeinanderfolge von betonten und unbetonten (→ akzentuierende Dichtung) bzw. langen und kurzen (→ quantitierende Dichtung) Silben bestimmte Rede(weise); Gegensatz: → Prosa; in der Moderne nicht mehr so scharf getrennt.

Poetik (griech. poietike techne = Dichtkunst)
Lehre oder Lehrbuch über Wesen, Formen und Gattungen der Dichtung: ARISTOTELES' P.; CICEROS rhetorische Schriften; HORAZ' Literaturbrief; QUINTILIANS *'Institutio oratoria'*.

Pointe → Witz.

Polyptoton (griech. polys = viel, ptosis = ⟨grammatischer⟩ Fall)
Rhetorische Figur: Wiederholung desselben Wortes innerhalb eines Satzes in anderer Flexionsform zur Erzielung von Klangwirkung, als Wortspiel.
cum puero ut bello bella puella cubet, *Catull 78,4.*

Polysyndeton (griech. neutr. = vielfache Verbindung)
Rhetorische Figur: mehrfache Verbindung von Wörtern oder Wortgruppen durch Konjunktionen (Gegenteil: → Asyndeton); zur Steigerung der Würde und Bedeutsamkeit.
vel in tempestate vel in agris vel in corporibus, *Cicero, de re publica 1,44,68.*

Positionslänge (lat. positione = griech. thesei: durch Übereinkunft)
In der Metrik eine Regel, die nach Meinung griech. Metriker ursprünglich auf Übereinkunft der Dichter beruht, von den Römern aber auch als „durch die Stellung bedingt" aufgefaßt wurde. Sie lautet: Eine Silbe gilt trotz naturkurzen Vokals als lang, wenn auf diesen mehr als ein Konsonant folgt; Ausnahme: → Muta cum liquida; x und z (ds) gelten als je zwei Konsonanten, qu als einer, h gilt nicht als selbständiger Konsonant.
Beispiele: Längende Konsonanten (1) in demselben Wort: ărma; *(2) teilweise in demselben Wort:* Italiăm fato; *(3) – sehr selten – ganz am Anfang des folgenden Worts:* conscientiă sceleris (*meist bleibt Kürze:* pectorĕ flammas).

Postposition → Anastrophe.

Prägnanz (lat. praegnans = schwanger)
Kraftvolle und inhaltsschwere Kürze; Mittel z. B. → Brachylogie, → Ellipse; Stilmerkmal bes. bei SALLUST, TACITUS.

Prämisse (lat. praemittere = vorausschicken) → Syllogismus.

Praeteritio (lat. = Übergehung)
Rhetorische Figur, mit der der Redner vorgibt, ‚Unwichtigeres' zu übergehen, es aber dennoch anführt (→ Ironie) und dadurch besonders betont. Die P. wird eingeleitet durch Wendungen wie: „omitto ..."; „quid plura dicam ...".

Praetexta(ta) (lat. fabula p. = Schauspiel in röm. Kostümen, nach toga p.: Amtstracht der Oberbeamten)
Form der röm. → Tragödie mit röm. Stoff und Kostüm; wichtigste Vertreter sind NAEVIUS, ENNIUS, ACCIUS, SENECA. Einzige erhaltene P.: Senecas *'Octavia'*.

Pragmatische Geschichtsschreibung (griech. pragma = Tat(sache), Wirkung, Nutzen)
Nüchterne, auf Tatsachen basierende Geschichtsschreibung bei strikter Unparteilichkeit des Autors. Weitere wichtige Ziele: Herausarbeiten des Kausalitätsprinzips, kritischer Gebrauch der Quellen, Nutzen für den Leser (Politiker), sachlicher Stil.
Reinster Vertreter der p. G. war POLYBIOS, als Vater der p. G. gilt aber THUKYDIDES, der SALLUST stark beeinflußte; beide sind jedoch keineswegs reine Pragmatiker, weil ihre Geschichtsauffassung im Grunde tragisch ist. Vgl. → Pathetische G.

Prepon (griech. = lat. aptum)
→ Stilqualitäten.

Priamel (spätlat. praeambulus = vorausgehend)
Rhetorische Figur: Reihung von Beispielen, auf die im letzten Glied eine Pointe folgt; je länger die Reihung, um so größer der Überraschungseffekt (z. B. MARTIAL 9,97). Stellt das letzte Glied den höchsten Wert einer Reihe von vorgenannten Werten dar, so spricht man von einer *Wertepriamel* (z. B. HORAZ, Carmen 1,1 und 1,7).

Probatio (lat. = Beweis)
Art der Beweisführung durch *res inartificiales* (unmittelbare Beweise, z. B. Dokumente, Zeugenaussagen) und *res artificiales* (mittelbare, künstliche Beweise, Wahrscheinlichkeitsargumente). Teil der Rede, bes. der Gerichtsrede (→ Partes orationis).

Prokatalepsis (griech. = Zuvorkommen) = → Occupatio.

Prolepse (griech. prolepsis = Vorwegnahme)
Rhetorische Figur: Vorwegnahme einer Folge oder Absicht durch ein prädikatives Adjektiv oder Partizip. Das wichtige Ereignis drängt sich vor.
submersas ... obrue puppis (*statt* obrue puppis, ut submergantur), *Vergil, Aeneis 1,69.*

Prolog (griech. = Vorrede)
Teil der → Tragödie und der → Komödie; s. a. → Monolog.

Pronominatio (lat. = Umbenennung) = → Antonomasie.

Pronuntiatio → Officia oratoris.

Proömium (griech. = Teil vor dem Gesang, Vorwort)
Ursprünglich hymnenartiger Anruf an die Götter vor dem Vortrag einer epischen Dichtung, dann programmatische Einleitung zu Prosa- oder Dichtwerk. Von Cicero weiß man, daß er seine Einleitungen z. T. aus einer Sammlung vorgefertigter Proömien wählte. Bes. Beispiele: SALLUSTS P. zur *'Coniuratio Catilinae'*, LIVIUS, TACITUS' P. zu den *'Annales'*.

Propositio (lat.proponere = voranstellen)
(1) Prämisse im → Syllogismus.
(2) → Partes orationis.

Prosa (lat. oratio pro‹r›sa = vorwärts-, geradeausgerichtete Rede)
Ungebundene, d. h. nicht durch eine strenge Ordnung in der Aufeinanderfolge von betonten und unbetonten bzw. langen und kurzen Silben (→ Versmaß) bestimmte Rede(weise). Gegensatz: → Poesie. Mittelstellung: → Rhythmische Prosa (s. a. → Klausel).

Prosarhythmus → Rhythmische Prosa.

Prosimetrum Mischung von → Prosa und Vers (→ Metrum). Merkmal der → menippeischen Satire.

Prosodie (griech. = Zugesang)
In der → Poesie: Lehre von der Tonhöhe/Tonstärke (→ Akzent) und → Quantität der Laute und vom Verhalten der Silben beim Zusammenfügen von Wörtern und Sätzen (s. z. B. → Elision, → Hiat, → Zäsur, → Diärese).

Pro(s)thesis (griech. = Voranstellung)
Form des → Metaplasmus: Vorschalten von Lauten oder Silben vor ein Wort; meist archaische Fügungen.
gnatus *statt* natus *bei Ennius, Cicero u. a.*

Protreptik, auch **Protreptikos** (griech. protreptikos logos = Mahnrede)
Werbeschrift für Kunst, Wissenschaft, Philosophie, Religion. Die Protreptik entstand in der Sophistik und wurde von PLATO und ARISTOTELES übernommen; von röm. P.en sind CICEROS *'Hortensius'* und SENECAS *'Exhortationes'* dem Titel nach bekannt; erhalten ist keine dieser Schriften.

Puritas → Stilqualitäten.

Pyrrhichius (nach griech.: pyrrhíche = Waffentanz benannter)
→ Versfuß (9); Schema: ∪∪

Q

Quantität (lat. quantitas = Größe)
Länge bzw. Kürze von Vokalen. Silben mit langen Vokalen (ā) sind lang, mit kurzen (ă) sind kurz; Diphtonge gelten immer als lang. Man unterscheidet natürliche Länge (Kürze) und → Positionslänge. S. a. → Akzent, → quantitierende Dichtung, → Dreisilbengesetz.

Quantitierende Dichtung Dichtung, deren Rhythmus auf der regelmäßigen Abfolge von Längen und Kürzen (→ Quantitäten) beruht; bes. die griech. und (klassische) lat. Dichtung. S. a. → Versakzent. Gegensatz: → Akzentuierende D.

R

Ratiocinatio (lat. ratiocinari = folgern, schließen) = → Syllogismus.

Recensio → Textkritik (1).

Rede (Art der) → Genus deliberativum, demonstrativum, iudiciale; s. a. → Rhetorik.

Rede (Teile der) → Partes orationis.

Redundanz = → Abundanz.

Refutatio → Partes orationis.

Reim (1) Endreim: im Unterschied zum → Homoioteleuton vollständiger Gleichklang einer oder mehrerer Silben vom letzten betonten Vokal an, doch ohne den (die) davorstehende(n) Konsonanten. Abgesehen von einzelnen Beispielen in → rhythmischer Prosa und in frühlat. Dichtung (bes. Gebete) gewinnt der R. erst in der christlichen lat. → Hymnendichtung Bedeutung. S. a. → Vagantenstrophe.
(2) Binnenreim, d. h. Reim innerhalb eines Verses, trat bes. im leoninischen → Hexameter (nach dem Dichter Leo, 12. Jh.) in der Form auf, daß zwei Silben vor der Mittelzäsur auf zwei Silben am Versende gereimt wurden (Zäsurreim).
quot caelum stellas, | tot habet tua Roma puellas, *Ovid, Ars amatoria 1,59 (mehr zufällige Vorform des leoninischen R.s).*

Reimprosa Kunst→prosa des ausgehenden Altertums und des Frühmittelalters, die stark mit → Reimen bzw. → Homoioteleuta durchsetzt ist.

Repetitio (lat. = Wiederholung) = → Anapher.

Rezeption (lat. recipere = aufnehmen)
Aufnahme, Wirkung literarischer Texte, Motive, Themen. Die Art der R. antiker Texte im Laufe der Geschichte war ein entscheidender Faktor für die → Textüberlieferung.

Rhetorik (griech. techne rhetorike =)
Kunst der Rede (lat. ars oratoria/bene dicendi scientia/eloquentia), mit den drei Hauptkennzeichen (1) Kunst der Überredung *(persuasio)*, (2) Redeschmuck, (3) handwerkliches Können des Redners. Das von den Griechen (bes. Sophistik, ARISTOTELES) entwickelte und von den Römern (bes. CICERO, QUINTILIAN) im wesentlichen übernommene und in die Praxis übertragene System der R. spielte im öffentlichen Leben (Gerichtsreden: → genus iudiciale; politische Reden: → genus deliberativum; Festreden: → genus demonstrativum), in der Literatur (rhetorische → Figuren) und in der Erziehung (Rhetorikschulen) der Antike eine überragende Rolle, wurde aber auch seit Sokrates und Plato (ihnen folgt Cicero) vom Standpunkt der Philosophie aus immer wieder in Frage gestellt (vgl. Cato: „rem tene, verba sequentur").

Rhetorische Figur → Figur.

Rhythmische Prosa (Etymologie s. → Rhythmus, → Prosa)
Rhythmisch gestaltete, d. h. in ungefähr gleich lange sprachliche Gebilde gegliederte und/oder nach manchen poetischen Konventionen (z. B. Meidung des → Hiats, Anwendung bzw. Vermeidung bestimmter → Metren, → Elision, → Syllaba anceps) komponierte, aber nicht an ein bestimmtes Maß gebundene Rede; bes. in Gebeten, Sprüchen, sorgfältig gestalteten Reden; s. a. → Klauseln.

Rhythmus (griech. rheein = fließen)
Begriff der → Poesie (vgl. aber auch → rhythmische Prosa): lebendige, harmonische, aber auch spannungsvolle Gliederung von Versen und Versgruppen durch Wiederholung ähnlicher, aber nicht gleicher, gefühlsmäßig erfaßbarer, aber nicht meßbarer Teile. Der R. ist keineswegs identisch mit

dem →Versmaß, welches die strenge äußere Gliederung darstellt und erst im Zusammenspiel mit der „inneren" Gliederung des R. lebendige Poesie hervorbringt. Vgl. dagegen →Takt.

Roman (lat. lingua Romana = Volkssprache; der Begriff „R." wurde im 12. Jh. in Frankreich geprägt und bezeichnete ursprünglich jede Schrift in der Volkssprache, später jede Prosaschrift)
Epische Prosaerzählung. Ihre Entstehung in der Antike ist umstritten. Wahrscheinlich mehrere Quellen, z. B. die erotische →Novelle des →Hellenismus, die Odyssee, Erzählungen der Rhetorenschulen, orientalisch-religiöse Literatur.
Wichtigster Typ: Liebesroman der röm. Kaiserzeit mit typischem Handlungsschema: Liebende werden getrennt, bleiben sich trotz größter Anfechtung treu und werden zum Schluß glücklich vereint.
Der antike R. wurde erst in der →Parodie (z. B. PETRONS *'Satyricon'*) literaturfähig.

S

Sapphischer Elfsilbler oder **Sapphicus** (nach der griech. Dichterin Sappho benannt)
→Choriambischer Vers, Schema:
–́∪–́x | –́∪∪–́ | ∪–́x
(zwei →Trochäen bzw. Trochäus + →Spondeus, →Choriambus, →Bakcheus); stets Bestandteil der →sapphischen Strophe.

Sapphische Strophe (nach der griech. Dichterin Sappho benannt)
→Strophe, bestehend aus drei →sapphischen Elfsilblern und einem Adoneus (–́∪∪–́|x). Lat. häufig bei HORAZ, zweimal bei CATULL.

Ille mi par esse deo videtur, / ille, si fas est, superare divos, / qui sedens adversus identidem te / spectat et audit, *Catull 51, 1–4 (nach einem Gedicht der Sappho).*

Sarkasmus (griech. sarx = Fleisch)
„Ins Fleisch schneidende", beißende →Ironie.

Satire (Etymologie nicht ganz geklärt. Verworfen wird meist die Herleitung aus dem griech. Satyrspiel oder aus einem etruskischen Wort sat⟨i⟩r = orare. Wahrscheinlich aus *satura lanx,* die (mit verschiedenen Feldfrüchten) gefüllte (und den Göttern zum Opfer dargebrachte) Schüssel, oder etwa *satura olla,* volkstümliche Mischkost (vgl. „Leipziger Allerlei") – übertragen auf eine Sammlung vermischter Gedichte, später auch auf das einzelne Gedicht der Gattung)
Verspottung von Menschen und gesellschaftlichen Zuständen in verschiedensten literarischen Formen durch (oft unausgesprochene) Gegenüberstellung von Ideal und Wirklichkeit zum erzieherisch-didaktischen Zweck der Besserung durch Einsicht oder (seltener) zur nihilistischen Verächtlichmachung.
Mittel: Übertreibung, →Witz, →Ironie, →Parodie, →Sarkasmus.
Wichtigste Formen der röm. S.: →Verssatire, →menippeische S., →Epigramm. Vertreter: LUCILIUS, HORAZ, PERSIUS, JUVENAL, MARTIAL, SENECA, PETRON, ERASMUS, ARCHIPOETA.

Satura lanx →Satire.

Saturnier (lat. versus Saturninus = aus der Zeit des Saturn, d. h. der Urzeit stammender Vers)
Ältester echt röm. Langvers, aus zwei dreihebigen Kurzzeilen gebaut (NAEVIUS); von ENNIUS für das

→Epos durch den →Hexameter ersetzt.
malum dabunt Metelli / Naevio poetae.

Scholien, Sing. Scholion (griech. Subst. neutr. von schole = [wissenschaftl.] Muße: erklärende Bemerkungen; von Cicero zuerst gebrauchter Begriff)
→Textkritische und sachlich-sprachlich erläuternde Anmerkungen zu antiken Schriftstellern; am seitlichen, oberen und unteren Rand des Texts, von diesem durch kleinere Schrift und viele Abkürzungen zu unterscheiden.
Bedeutende röm. **Scholiasten:** Macrobius (5. Jh. n. Chr.), PROBUS.

Semiquinaria caesura
= Penthemimeres, s. →Zäsur.

Semiseptenaria caesura
= Hephthemimeres; s. →Zäsur

Senar (lat. senarius = sechsfüßig)
Sechsfüßiger jambischer Vers (→Jambus) bes. in der röm. →Komödie, sehr unregelmäßig gebaut; Schema:

∪∪ ∪́∪ ∪∪ ∪́∪ ∪∪ ∪́∪ ∪∪ ∪́∪ ∪∪ ∪́∪
– – | – – | – – | – – | – – | ∪x́
∪ | ∪ | ∪ | ∪ | ∪

In der klassischen Dichtung (seit Catull) durch den regelmäßigeren →jambischen Trimeter verdrängt.

Senkung s. →Hebung.

Sentenz (lat. sententia = Satz, Meinung, Sinnspruch) = →Gnome.

Septenar (lat. septenarius = siebenfüßig)
Siebenfüßiger jambischer oder trochäischer Vers (→Jambus, →Trochäus) mit einer weiteren Silbe; ähnlich unregelmäßig wie der →Senar; von PLAUTUS u. TERENZ angewandt.

Sequenz (lat. sequentia = Folge)
Rezitativischer chorischer Meßgesang des Mittelalters in der Form der Gregorianischen →Hymnen. Als Vater der S. gilt NOTKER DER STAMMLER. Beispiele: Ostersequenz (12. Jh.), *'Stabat mater'* und *'Dies irae'* (13. Jh.).

Sermones (lat. sermo = Rede, Gespräch)
Titel der →Verssatiren des HORAZ, ähnlich den →Diatriben; später christl. (Moral-)Predigten.

Sinnfigur Rhetorische Figur, die Gedanken in besonderer Weise formt, gliedert, darstellt (bes. →Antithese), und oft mit →Wort- bzw. →Klangfiguren Verbindungen eingeht; auch Gedankenfigur genannt.
S.a. →Antithese, →Apostrophe, →Oxymoron.

Skandieren (lat. scandere = besteigen)
Bestimmen der →Hebungen in Versen; Lesen der Verse mit ausschließlicher Betonung der Hebungen (ohne Rücksicht auf Wort→akzent).
S.a. →Versakzent.

Solöcismus (griech. Subst. soloikismos, nach der angeblich fehlerhaften Sprache der Einwohner von Soloi in Kilikien)
Verstoß gegen Regeln der Grammatik und Syntax.

Sorites (griech.) Kettenschluß, Reihe von →Syllogismen.

Sperrung = →Hyperbaton.

Spondeus (griech. spondeios = der beim Trankopfer, spondé, verwendete)
→Versfuß (8); Schema: – –.

Spondiakus (oder griech. Spondeiazōn = Spondeus bildend)
Seltener → Hexameter mit → Spondeus im fünften Fuß, der so besondere Schwere, Gewicht erhält.
corpora constabunt ex partibus infinitis, *Lukrez 1, 616.*

Spottgedicht Form der → Satire, in der Personen oder gesellschaftliche Zustände meist kurz und prägnant öffentlich angeprangert und/oder lächerlich gemacht werden; vgl. → Invektive. Versmaße: oft → Distichen (→ Epigramm), → Hinkjamben, → Jamben.
Häufig bei Catull (z. B. gegen Caesar: 93; gegen Cicero: 49), Martial (oft gegen literarische Zeitgenossen).

Stabreim → Alliteration.

Stasislehre (griech. stasis = Ausgangsstellung)
Lehre vom juristischen Ansatzpunkt *(constitutio)* in Gerichtsreden für Anklage oder Verteidigung, aus dem sich das Ziel der Argumentation ergibt: (1) *constitutio coniecturalis* = Frage nach der begangenen Tat; (2) c. *definitiva* = Definition des Tatbestandes; (3) c. *generalis* = Berurteilung der Tat; (4) c. *translativa* = Klärung der Zuständigkeit des Gerichtshofs.

Stemma → Textkritik (1).

Stichisch (griech. stichos = Vers)
Verse gleicher Bauart, die sich ständig wiederholen, sind „s." verwendet; vgl. → Distichon.

Stilarten (lat. stilus = Griffel, Schreibweise)
Man unterschied zwischen drei St., die im wesentlichen mit den drei Redearten (→ genus deliberativum, demonstrativum, iudiciale) korrespondierten:
(1) *genus subtile* = schlichter Stil (im *iudiciale*);
(2) g. *medium/mixtum* = mittlerer, gemischter Stil (im *deliberativum*);
(3) g. *grande/sublime* = erhabener Stil (im *demonstrativum*).

Stilqualitäten (Etymologie: s. → Stilarten)
Folgende Ansprüche werden an den Stil des guten Redners gestellt: (1) *latinitas (puritas)* = Sprachrichtigkeit; (2) *perspicuitas* = Deutlichkeit; (3) *aptum* (griech. prepon) = Angemessenheit; (4) *ornatus* = Redeschmuck; (5) *brevitas* = Kürze, → Prägnanz.

Strophe (griech. = Wendung, Drehung im Tanz, Lied zum Tanz)
Verbindung mehrerer gleich oder verschieden gebauter Verse (→ Kola) zu einem sich wiederholenden rhythmischen System in einem Gedicht oder Lied; entspricht ursprünglich der Länge der Melodie. Entsprechend der Tatsache, daß die Melodien über die Schlüsse der Kola hinausgehen, sind die Versschlüsse innerhalb der St. oft nicht deutlich fühlbar: → Synaphie. Beispiel: s. zu → Sapphische S.

Suasoria → Deklamation.

Superlatio (lat. = Übertreibung)
= → Hyperbole.

Syllaba anceps (lat. – griech. = schwankende Silbe)
Silbe, die lang oder kurz gemessen werden kann, z. B. nach → Muta cum liquida und immer am Versende. In den Versschemata wird die s. a. in der Regel mit x bezeichnet.

Syllepse (griech. syllepsis = Zusammenfassung)
Rhetorische Figur: grammatisches →Zeugma.

Syllogismus (griech. = Schlußfolgerung)
Logisch-rationale Beweisführung, Vernunftschluß, von ARISTOTELES in Gesetze gefaßt u. in die →Rhetorik integriert: Aus zwei Prämissen – dem Obersatz *(propositio maior)*, der eine allgemeine Wahrheit enthält, und dem Untersatz *(p. minor)*, der einen besonderen Fall dem allgemeinen zuordnet – wird ein logischer Schluß *(conclusio)* abgeleitet. Der S. wird bes. zur überzeugenden Beweisführung in der argumentatio (→Partes orationis) und in philosophischen Abhandlungen angewandt.
Cicero, Tusculanae disputationes 1, 40–43: (1) Luft- oder feuerförmige Körper steigen zum Himmel auf; (2) die Seele ist Atem/Luft oder, eher noch, Feuer; Folgerung (3) Sitz der Seele ist die Himmelsregion (d. h. die Ewigkeit). – Dieser 'Beweis der Unsterblichkeit der Seele' ist – wie viele derartige Syllogismen – als Schlußfolgerung falsch, da der Untersatz (2) nicht zweifelsfrei gilt.

Symbol (griech. = Wahrzeichen)
Sinnlich faßbares Zeichen, das über sich selbst hinausweist auf ein Abstraktum, eine Idee u. ä., indem es diese mitbedeutet (anders: →Allegorie). Das S. dient zur Veranschaulichung und Vergegenwärtigung und ist nach Goethe die „Natur der Poesie".
Beispiele: aureus ramus *als Symbol des Lichtes und Lebens, Vergil, Aeneis 6, 137;* das Kreuz *als christl. Symbol.*

Synaloephe (griech. = Verschmelzung) →Elision.

Synaphie (griech. = Verbindung)
Häufiges Merkmal der →Strophenbildung; die →Kola sind nicht eindeutig durch →Syllaba anceps oder →Hiat am Versende und Zusammenfall von Vers- und Wortschluß voneinander abgegrenzt.
Gallicum Rhenum, horribile aequor ulti-/mosque Britannos *(Wortbrechung zwischen →sapphischem Elfsilbler und →Adoneus);* qui illius culpa cecidit velut prati/ultimi flos, praetereunte postquam/... *(Elision zwischen zwei →sapphischen Elfsilblern), Catull 11, 11–12 und 22–23.*

Synekdoche (griech. = Mitverstehen)
→Trope (Art der →Metonymie): Gebrauch des Teils für das Ganze *(pars pro toto)* und umgekehrt; zur Vermeidung von Wiederholungen.
Beispiel: tectum *für* domus; quercus = Eichenlaub.

Synizese (griech. = Zusammensitzen)
Seltene →Kontraktion zweier im Wortinneren zusammenstoßender Vokale (kurz – lang) verschiedener Klangfarbe.
Beispiel: ĕōdem – e͜odem.

Synkope (griech. = Zusammenschlagen)
Form des →Metaplasmus: Gelegentliche Ausstoßung eines kurzen Vokals zwischen zwei Konsonanten in einem Wort.
Beispiel: puertia *statt* pueritia.

Synkrisis (griech. = Vergleich, Wettkampf)
(1) Wertender Vergleich zwischen Personen oder →Personifikationen

(Vergleich Cato–Caesar in SALLUSTS *'Catilina', 53 ff.).*
(2) Fiktive Streitrede (z. B. zwischen →Elegie und →Tragödie bei OVID, *'Amores' 3, 1)*

Systole (griech. = Zusammenziehung)
Form des →Metaplasmus: In der →Metrik: Kürzung eines langen Vokals oder Diphtongs aus Verszwang.
unius *statt* unīus, *Vergil, Aeneis 1,41; öfter bei Phaedrus.*

T

Takt (lat. tactus = Berührung)
Regelmäßige, streng durchzählende Einteilung des Verses in schwere und leichte Taktteile (→Hebungen, Senkungen); fast ausschließlich in der →akzentuierenden Dichtung. In antiker Dichtung sehr selten (nur im Marsch-→Anapäst); da die antike Musik keine Vielstimmigkeit kannte, brauchte sie keinen T., suchte vielmehr große →rhythmische Variabilität. Deutlichen T. zeigt die →Vagantenstrophe.

Tautologie (griech. tauto = dasselbe; logos = Wort)
In der Stilistik: Doppelaussage, meist wie →Pleonasmus.

Teichoskopie (griech. =)→Mauerschau.

Terminus ante quem / post quem →Datierung.

Tetralogie (griech. tetra = vier; logos = Rede) →Trilogie.

Tetrameter →Metrum.

Textkritik (griech. kritikos = beurteilend)
Wissenschaftliche Methode zur Rekonstruktion des Wortlauts eines antiken Texts aus den erhaltenen Handschriften, Erstdrucken und anderen Zeugnissen. Schritte:
(1) *recensio,* d. h. Sammlung der erhaltenen Zeugnisse und Feststellung ihrer Beziehung untereinander durch Rekonstruktion eines Stammbaums (Stemma); dabei läßt sich meist ein (u. U. hypothetischer) Archetypus ermitteln, von dem alle anderen Zeugnisse abhängen;
(2) *examinatio,* d. h. Prüfung des Textbestandes, Auswahl der Lesarten (z. B. →Lectio difficilior), Feststellung von verderbten Stellen (Korruptelen);
(3) *emendatio,* d. h. Herstellung des denkbar besten Texts durch Konjektur (d. i. auf Vermutung des Textkritikers beruhende Heilung fehler- oder lückenhaft abgeschriebener Stellen).
S. a. →kritischer Apparat, →Textüberlieferung.

Textüberlieferung Von der antiken Literatur besitzen wir nur noch einen „Trümmerhaufen, der im Vergleich mit ihrem ursprünglichen Bestande etwa so geringfügig ist wie die Ruinen des heutigen Forum Romanum im Vergleich mit demjenigen der Kaiserzeit" (E. Norden, Die römische Literatur). Zwar ist vieles vom Wertvollsten (z. B. der augusteischen Zeit) in Abschriften erhalten (kein Originalmanuskript), doch ist das meiste ganz oder teilweise verlorengegangen.
A. Gründe dafür waren besonders:
(1) Von den wissenschaftlichen Werken blieben zwar oft der Ge-

halt, aber fast nie die Werke selbst (z. B. VARRO). (2) Die abschließende Leistung einer Entwicklung blieb, die weniger bedeutenden Vorgänger wurden vergessen und nicht überliefert, z. B. CATULL – → Neoteriker, VERGIL – ENNIUS. (3) In der politischen Krise des 3. Jh. n. Chr. (Commodius bis Anfang der Regierung des Diokletian) ging das weitaus meiste der antiken Literatur zugrunde. (4) Beim Umschreiben der Papyrusrollen auf Pergament (im 4.–5. Jh. n. Chr. Verfall der Papyrusfabriken) wurden nur noch die damals wirklich gelesenen Schriften ausgewählt. (5) Die Praxis der Inhaltsangaben (→ Epitome) umfangreicher Werke ließ das Interesse an den Originalen schwinden (größter Teil des LIVIUS ging verloren). (6) Mit Beginn der Christianisierung überwog anfangs das Interesse an religiöser das an profaner Literatur (zahlreiche → Palimpseste mit christlichen Texten über profanen, z. B. CICEROS 'de re publica'). (7) Im 6.–8. Jh. n. Chr. mit der Zertrümmerung der Römerherrschaft ging, ähnlich wie im 3. Jh., Unschätzbares verloren (großer Teil von Tacitus, Livius; Cicero: Reden, Philosophica, größter Teil von 'de re publica'; Teile von Seneca und Petron).

B. Positive Einflüsse: (1) Die archaisierende Tendenz von Nero bis zu den Antoninen (bes. die Kommentare des Valerius PROBUS) erhielt Plautus, Terenz u. a., obwohl das Publikumsinteresse schon geschwunden war. (2) Einzelne tolerante christliche Autoren (LAKTANZ, AUGUSTINUS, Cassiodor) setzten sich für die Erhaltung des profanen Schrifttums ein. (3) Traditionsbewußte Römer (bes. SYMMACHUS und sein Kreis) besorgten ab dem 4. Jh. n. Chr. in Reaktion gegen die Christianisierung die Edition zahlreicher Klassiker (Livius, Vergil, Cicero). (4) Karolingische Kaiser und bes. die Klöster Italiens, Frankreichs und Deutschlands bewahrten, was geblieben war (die Mehrzahl der erhaltenen Texte geht auf Handschriften aus dem 9. Jh. zurück), so daß sich der Bestand der römischen Literatur seit dieser Zeit kaum mehr verringert hat. (5) In der Renaissance (→ Humanismus) setzte eine intensive, häufig erfolgreiche Suche nach antiken Texten ein, die sonst vielleicht unwiderbringlich verlorengegangen wären.

Zum Zustand der Texte nach so langer Überlieferungsgeschichte s. → Textkritik.

Thesis (griech: Setzung [des Fußes des Chors im Drama])
starker Versteil; anders: Senkung, → Hebung.

Tmesis (griech. = Zerschneidung)
Auflösung eines zusammengesetzten Wortes in seine Teile durch Einschub eines oder mehrerer Wörter. Stilmerkmal des älteren Latein (z. B. ENNIUS) und technisches Mittel der Poesie.
garrulus hunc <u>quando</u> consumet <u>cumque</u>, *Horaz, Satire 1,9,33. Vgl.:* Er <u>fing</u> sofort <u>an</u>.

Togata (lat. fabula t. = Schauspiel in röm. Kostüm)
Form der römischen Komödie mit Stoff und Kostümen aus dem röm. Alltag. Die T. löste in der 2. Hälfte des 2. Jh. v. Chr., als Reaktion ge-

gen den → Hellenismus, die → Palliata ab.

Topos (griech. = Ort, Platz)
(1) **T. / Topik:** Erschließen und Finden von Beweisgründen als Teil der inventio (→ Partes orationis).
(2) **T.:** Von E. R. Curtius ('Europäische Literatur und lateinisches Mittelalter') geprägter Terminus für den literarischen „Gemeinplatz", d. h. feste Denk- und Ausdrucks-Schemata (Formeln, Zitate, Motive, Stilmittel u. ä.); ursprünglich originale Schöpfungen, werden sie von nachfolgenden Schriftstellern an geeigneter Stelle zur Ausschmükkung übernommen und damit zum T. (z. B.: der 'locus amoenus', die Schilderung einer lieblichen Landschaft mit stereotypen Merkmalen).

Traductio (lat. = Überführung)
Rhetorische Figur: zusammenfassender Begriff für → Anapher, → Epipher, → Polyptoton, → Epanalepse, → Anadiplose, → Kyklos.

Tragödie (griech. tragos = Bock; ode = Gesang; Bedeutung ungeklärt: Gesang der ⟨als⟩ Böcke ⟨verkleideten Sänger⟩? Gesang um den Bock ⟨als Siegespreis oder Opfertier⟩?)
Die **Entstehung** der T. ist nicht ganz klar; eine Wurzel war sicher der Dithyrambos, das ernste chorische Kultlied auf Dionysos (zu dessen Festspielen, den Dionysien, die T.n hauptsächlich aufgeführt wurden); es war vermutlich eine Mischung aus Anrufung des Gottes und Erzählung seiner Taten. Nach Einführung von einem, später zwei (AISCHYLOS) und drei (SOPHOKLES) Schauspielern war die Möglichkeit zum dramatischen → Monolog und → Dialog zwischen den in Form und Funktion mehr oder weniger festgelegten Chorpartien geschaffen.
In ihrer voll entwickelten Gestalt seit AISCHYLOS hatte die T. folgende **Teile:** Einführender *Prolog* eines Schauspielers; Einzug des Chors mit seinem Einzugslied *(Parodos);* Akte (→ *Epeisodia)* zwischen den Chorliedern *(Stasima)* – die Epeisodia werden, bes. bei EURIPIDES, durch *Monodien* (lyrische Partien einzelner Schauspieler, „Arien") und *Amoibaia* (Wechselgesänge zwischen Chor und einem oder zwei Schauspielern), letztere oft in der Form von Kommoi (Klageliedern), belebt –; schließlich singt der Chor beim Auszug das Schlußlied *(Exodos).*
Inhalte der T.n waren Stoffe aus den griechischen Heldensagen und das selbstverschuldete (bes. AISCHYLOS) oder unverschuldete (bes. SOPHOKLES, EURIPIDES), jedenfalls gott- und schicksalsgewollte Leid des Menschen.
Die Theorie über das Wesen und die **Wirkung** der T. ist uns bes. in der → *'Poetik'* des ARISTOTELES überliefert (z. B. → Peripetie, → Anagnorisis, → Katastrophe, → Katharsis, → Einheiten).
Die **römische T.** (außer → Praetexta) schließt sich in Stoff, Sprache und Stil eng an die griechische an, doch bleibt vieles ungeklärt, da von den ca. 140 alten T.n nur Fragmente und/oder Titel überliefert sind; nur SENECAS zehn T.n sind erhalten. Wichtigste Autoren außer Seneca waren NAEVIUS, ENNIUS, PACUVIUS, ACCIUS.
Die T. wird in der Kaiserzeit bes. von der → Pantomime verdrängt; Senecas T.n waren möglicherweise

nur noch Lesedramen, doch ihr Einfluß auf die dramatische Literatur Europas ist kaum zu überschätzen (Shakespeare, Corneille, Racine). Viele der erhaltenen griech. T.n stehen heute noch auf den Spielplänen unserer Bühnen.

Traiectio (lat.= Versetzung)
→ Hyperbaton.

Translatio (lat. = Übertragung)
= → Metapher.

Travestie (ital. travestire = verkleiden)
Derbere, weniger ironische Abart der → Parodie: Beibehaltung des Inhalts, Veränderung der Form. Elemente der T. in PETRONS *'Satyricon'*; Vergils *'Aeneis'* z. B. wurde travestiert von A. Blumauer (1827).
Es war einmal ein großer Held,/Der sich Aeneas nannte/: Aus Troja nahm er's Fersengeld,/ Als man die Stadt verbrannte, *Blumauer, 1, 1–4.*

Tribrachys (griech. = Folge von drei Kürzen)
→ Versfuß (10); Schema: ∪∪∪.

Trikolon (griech. tria = drei, kolon = Glied)
Rhetorische Figur: Dreigliedrigkeit von Satzgefügen, dreifache Setzung bei Wiederholungen, Aufzählungen; zur Verstärkung anderer rhetorischer Figuren wie → Anapher, → Alliteration, → Klimax, → Parallelismus.
Quo usque tandem ...? quam diu ...? quem ad finem ...? *Cicero, in Catilinam 1,1.*

Trilogie (griech. tria = drei; logos = Rede)
Literarisches Werk, das aus drei inhaltlich oder motivlich zusammenhängenden, aber für sich verständlichen Teilen besteht; ursprünglich auf → Tragödien beschränkt (AISCHYLOS' *'Orestie'*), die meist durch ein Satyrspiel zur **Tetralogie** erweitert wurden (vgl. Wagners 'Ring des Nibelungen': T. mit einem Vorspiel). In neuerer Zeit auch Romantrilogien und lyrische Trilogien (Goethe, 'T. der Leidenschaft').

Trimeter → jambischer Trimeter.

Trithemimeres → Zäsur.

Trochäus (griech. = der Laufende; häufig in schnell gesprochenen dramat. Partien)
→ Versfuß (2); Schema: –∪.

Trope (griech. trope = Wendung, tropos = Wendung, Ausdrucksweise)
Uneigentlicher Ausdruck zur Ausschmückung, Verlebendigung; s. z. B. → Allegorie, → Metapher, → Metonymie.

Trostliteratur Zur T. zählt man nicht nur Schriften, die, aus einem aktuellen Anlaß (Trauerfall u. ä.) verfaßt, dem Betroffenen Trost spenden sollen, sondern auch solche, die ohne unmittelbaren Bezug Rat und Hilfe gegen allgemeine Widrigkeiten des Lebens geben. Die Idee, daß die Kraft vernünftiger Rede hilft, Leid zu überwinden, ging von der Sophistik aus, wurde von den großen moralphilosophischen Systemen des → Hellenismus ausgearbeitet und schlug sich in zahlreichen Trostschriften, -briefen und -reden nieder, besonders in der Kaiserzeit (SENECA, *'Ad Marciam', 'Ad Helviam matrem', 'Ad Polybium'*). In dieser Tradition stehen auch noch die Consolationes christl. Autoren, z. B. des BOETHIUS (*'Consolatio philosophiae'*).

U

Überlieferung → Textüberl.

Utopie (griech. ou = nicht, topos = Ort; etwa: Nirgendwo)
Von THOMAS MORUS gebildetes Wort (Staatsroman *'Utopia'*, 1516), das seitdem jede Darstellung eines idealen (bzw. gegenteiligen: negative U.) Gesellschaftszustandes bzw. Staates bezeichnet, der nicht existiert und nach Ansicht des Autors nie existieren wird. Berühmtestes Beispiel der Antike: PLATOS *'Politeia (Der Staat)'*.

V

Vagantendichtung (lat. vagari = umherschweifen)
Weltliche lat. Dichtung umherreisender Scholaren in Europa (bes. Deutschland, Frankreich, England) im Mittelalter; hauptsächlich Trinklieder, Liebesgedichte, → Parodien, → Satiren, Kritik an der Kirche; z. T. nach antiken Vorbildern (röm. Elegiker). Einzelbeispiele erster subjektiver Erlebnisdichtung des Mittelalters. Z. B.: *'Carmina Burana'*, ARCHIPOETA.

Vagantenstrophe Typische Form der → Vagantendichtung: Vier → Vagantenzeilen mit Endreim.
Schema der **Vagantenzeile:**
–́◡–́◡–́◡–́|–́◡–́◡–́◡||
Steigender, d. h. auf der letzten Silbe betonter Siebensilbler plus fallender Sechssilbler (– und ◡ bezeichnen hier → Hebung und Senkung der → akzentuierenden Dichtung, nicht → Quantitäten wie in der klassischen Dichtung).

meum est propositum / in taberna mori, // ut sint vina proxima / morientis ori. // tunc cantabunt lecius / angelorum chori: // „sit Deus propicius / huic potatori!“, *Archipoeta, Vagantenbeichte 12.*

Variatio (lat. = Abwechslung)
Vermeidung von Gleichartigkeit in Ausdruck und Satzgliederung; Inkonzinnität (Gegensatz z. B.: → Parallelismus)
audacia in bello, ubi pax evenerat, aequitate, *Sallust, Catilina 9,3 (dagegen* … in pace … in bello, *Sall. Cat. 2,3*).

Vers (lat. versus = Furche, Vers)
Metrisch gegliederte Einheit, Zeile einer → Strophe oder eines Gedichts.

Versakzent In der lat. → quantitierenden Dichtung fällt häufiger Widerspruch zwischen Vers- und Wortakzent auf. Möglicherweise wurde er durch gleichzeitige Anwendung des exspiratorischen und musikalischen → Akzents in der Weise aufgelöst, daß der Versrhythmus durch Intensität, der Wortakzent durch Tonhöhe (wie im Lied!) zur Geltung kam. Für den modernen Leser empfiehlt sich der Kompromiß Hauptton (= V.) – Nebenton (= Wortakzent). Die daraus resultierende Unregelmäßigkeit ist auch in der rein → akzentuierenden Dichtung zu beobachten (Verlebendigung!).
Es sollte also nicht so gelesen werden: níl nimiúm studeó, Caesár tibi vélle placére, *Catull 93,1 (ebensowenig wie:* Friends, Rómans, coúntrymén, lend mé your eárs, *Shakespeare, Julius Caesar, III 2,73), sondern so:* níl nìmiúm stùdeó, Càesár, tìbi vélle placère.

Versfuß Kleinstes rhythmisches Verselement; vgl. →Metrum. Wichtigste Versfüße:
(1) *Jambus*: ∪– (vale).
(2) *Trochäus*: –∪ (clamat).
(3) *Anapäst*: ∪∪– (subito).
(4) *Daktylus*: –∪∪ (litora).
(5) *Kretikus*: –∪– (eligo).
(6) *Bakcheus*: ∪–– (secuti).
(7) *Choriambus*: –∪∪– (afficies).
(8) *Spondeus*: –– (dono).
(9) *Pyrrhichius*: ∪∪ (locus) (als Auflösung einer Länge, kaum echter V.).
(10) *Tribrachys*: ∪∪∪ (animus) (Auflösung von Jambus oder Trochäus).

Versmaß Rhythmische Eigenart, metrisches Schema einer Versform, bestimmt durch die Art der →Versfüße bzw. den Wechsel von Längen und Kürzen, →Hebungen und Senkungen.

Verssatire (Etymologie s. →Vers, →Satire)
Trotz mancher griech. Vorgänger (z. B. →Mimus, →Diatribe, →Komödie) echt römische Form der Satire (*„satura quidem tota nostra est"*, Quintilian, Institutio oratoria 10,1,93) in Versen (meist →Hexameter). Vertreter: LUCILIUS, HORAZ, PERSIUS, JUVENAL.

Versschluß Außer bisweilen in Formen der →Lyrik (vgl. →Synaphie) fallen Vers- und Wortschluß immer zusammen. Hier ist auch →Hiat möglich. Die letzte Silbe eines Verses ist immer →Syllaba anceps; endet die letzte Silbe auf Vokal oder m, wird fast nie elidiert (→Elision); bei Vergil gibt es nur zwanzig Ausnahmen (→Synaloephe von -que).
S. a. →Katalexe.

Virtutes dicendi = →Stilqualitäten.

Vita (lat. = Leben, Lebensbeschreibung) = →Biographie.

Vulgarismus (lat. vulgus = das Volk, die Leute)
Abweichung vom klassischen Latein, Beispiel für den Sprachgebrauch des Vulgärlatein, d. h. der gesprochenen Volkssprache.
In der Literatur werden Vulgarismen zur Charakterisierung von Sklaven und ungebildeten Leuten aus dem Volk benutzt, z. B. bei PLAUTUS, PETRON.

W

Wachsende Glieder →Gesetz der wachsenden Glieder.

Witz Sprachlich prägnant und treffend formulierte punktuelle Begebenheit, Vergleich, Beschreibung, →Anekdote mit einer Pointe, die sich aus der Diskrepanz zwischen Erwartung und Resultat ergibt (Überraschungseffekt). Sprachliche Mittel: z. B. Wortspiel, Doppeldeutigkeit. Angewandt vor allem bei →Satire, Komik, Humor, Verspottung. Röm. Vertreter: MARTIAL, PETRON.

Wortakzent →Akzent, →Versakzent.

Wortfigur (lat. figura = Gestalt)
Besondere Gestaltung der sprachlichen Ausdrucksweise mit Hilfe der Wiederholung, der Einsparung normalerweise notwendiger Teile und der besonderen Stellung durch Veränderung der Reihenfolge der

Wörter; auch → grammatische F.; vgl. → Sinnfigur.

Wortspiel = → Paronomasie.

Wortstellung Im Gegensatz zu manchen modernen Sprachen (bes. Englisch) wird im lat. Satz die Funktion des Einzelwortes in der Regel nicht durch die Stellung, sondern durch die Endung (Formenvielfalt der Flexionsendungen) bestimmt; so ist die W. sehr variabel, was bes. die Dichtung zu mannigfaltigen Wirkungen nutzt: Stellungs- → figuren.

X

Xenien (griech. xenion = Gastgeschenk)
→ Distichen als Begleitgedichtchen zu Gastgeschenken, z. B. MARTIAL 13; bei Schiller u. Goethe ironisch-satirische Distichen, in denen mit literarischen Gegnern abgerechnet wird, bzw. gereimte Lebensweisheiten (Goethes 'Zahme Xenien').

Z

Zäsur (lat. caesura = Schnitt)
Einschnitt, Atempause durch gesuchtes (!) Wortende innerhalb eines → Versfußes oder → Metrums (vgl. dagegen → Diärese 2). Im Versschema durch | bezeichnet.
Im → Hexameter unterscheidet man, je nachdem welcher → Daktylus bzw. → Spondeus zerteilt wird, zwischen der (selteneren) *Trithemimeres* (griech. = nach dem dritten Halbteil; unterteilt man die Daktylen od. Spondeen in Hälften, so liegt also die Zäsur mitten im zweiten Metrum), *Penthemimeres* (nach dem fünften Halbteil, also im dritten Metrum; dies ist die häufigste Z.) und *Hephthemimeres* (im vierten Metrum). Eine Nebenzäsur nach der ersten Kürze eines Daktylus wird in der lat. Dichtung kaum gesetzt.

–◡̄◡̄|–|◡̄◡̄|–|◡̄◡̄|–|◡̄◡̄|–◡◡|–x||
Tr P H

sic placitum./ veniet lustris labientibus aetas (*Trithemimeres*); imperium Oceano,/ famam qui terminet astris (*Penthemimeres*); imperium sine fine dedi./ quin aspera Iuno (*Hephthemimeres*), *Vergil, Aeneis 1, 283, 287, 279.*

Zäsurreim → Reim.

Zeugma (griech. Subst. neutr. = Zusammengefügtes)
Rhetorische Figur: Beziehung eines Satzteils (meist Prädikats) auf zwei oder mehr Satzglieder, wobei es syntaktisch-grammatisch (→ Syllepse) und bedeutungsmäßig nur zu einem oder zu beiden nur in verschiedenem Sinn paßt. Wirkung: Kürze, → Variatio, Komik; manchmal auch nachlässiger Stil.
sive casu accidit sive consilio (accidit *paßt nur zu* casu; *zu* consilio *etwa* factum est), *Cicero, Tusculanen 4,64.*

Autoren
der lateinischen Literatur und ihre griechischen Vorbilder

Accius Lucius A., 170 bis ca. 85 v. Chr., bedeutendster röm. Tragiker. **Werk:** ca. 40 sehr fragmentarisch überlieferte → Tragödien nach klassischem und → hellenistischem Muster; zwei → Praetexten.

Aesop (griech.: Aisopos), ca. 6. Jh. v. Chr., sagenhafter griech. Begründer der → Fabeldichtung. Erhalten sind noch Sammlungen von Fabeln, die ihm zugeschrieben wurden, u. a. die des → Phaedrus in Versform.

Afranius Lucius A., 2. Hälfte 2. Jh. v. Chr., bedeutendster röm. Togatendichter. **Werk:** Mehr als 44 sehr bruchstückhaft überlieferte → Togaten.

Aischylos (lat.: Aeschylus) 525/24 bis 456/55 v. Chr., erster großer athenischer Tragiker. **Werk:** 80–90 → Tragödien, davon sieben erhalten: *'Die Schutzflehenden'*, *'Sieben gegen Theben'*, *'Die Perser'*, *'Der gefesselte Prometheus'*, die Trilogie *'Orestie'*.
Schöpfer der europäischen Tragödie.

Alkaios Um 600 v. Chr., Zeitgenosse der → Sappho auf Lesbos, bedeutender frühgriechischer Lyriker (→ Lyrik). **Werk:** → Hymnen, politische und erotische Lieder.
Einfluß auf → Horaz.

Ambrosius Bischof von Mailand, ca. 339–397 n. Chr., christlicher Autor; bekehrte → Augustinus zum Christentum. **Werk:** Traktate dogmatischen, → exegetischen und ethischen Inhalts. Mit seinen → Hymnen schuf A. das lat. Kirchenlied.

Ammianus Marcellinus ca. 330 bis ca. 395 n. Chr., röm. Geschichtsschreiber, Mitglied des → Symmachus-Kreises. **Werk:** *'Res gestae'*, ein Geschichtswerk, das – im Anschluß an → Tacitus' *'Historien'* – die Zeit von 96–378 n. Chr. behandelt; nur teilweise überliefert.

Archilochos A. von Paros, um 650 v. Chr., griech. Lyriker (→ Lyrik), der als erster persönliche Gefühle zum Ausdruck brachte. **Werk:** Spott- und Schmähgedichte in jambischem Versmaß (→ Jambus). Einfluß auf → Lucilius, → Catull, → Horaz.

Archipoeta ca. 1130–ca. 1165 n. Chr., hervorragender Vertreter der → Vagantendichtung. Eigentlicher Name unbekannt; Pseudonym aus einer Göttinger Handschrift. Sein Leben ist nur aus seinen Gedichten zu erschließen: Aus dem (deutschen?) Ritterstand stammend, studierte er Theologie, Philosophie, antike Dichtung, Medizin; sein Gönner war Reinald von Dassel, Kanzler Kaiser Friedrichs I. Zeit seines Lebens zog er durch Europa. **Werk:** Neun längere Gedichte sind überliefert, davon ein Teil in den → *Carmina Burana* (s. u.), am bekanntesten die *'Vagantenbeichte'*, geschrieben in der → Vagantenstrophe.

Aristophanes ca. 450–380, größter griech. Dichter der Alten und Mittleren → Komödie. **Werk:** Von ca. 40 Komödien sind 11 erhalten, darunter *'Die Wolken'*, *'Die Vögel'*, *'Die Frösche'*, *'Lysistrate'*.

Aristoteles 384–322 v. Chr., griech. Philosoph, Schüler des → Plato, seit 342 Erzieher Alexanders des Großen. Er eröffnete 335 zusammen mit → Theophrast eine eigene Schule (Peripatos). **Werk:** Eine Vielzahl von wissenschaftlichen Untersuchungen und → Dialogen über Logik und Erkenntnistheorie, Naturwissenschaft (Tierkunde; *'Physik'*, *'Metaphysik'*), Ethik (bes. die *'Nikomachische Ethik'*), Politik (u. a. *'Der Staat der Athener'*), *'Poetik'* (über Entwicklung und Theorie der → Tragödie und des → Epos).

Augustinus Aurelius A. aus Numidien, 354–430 n. Chr., christl. Schriftsteller, Rhetor, Philosoph; einer der bedeutendsten Kirchenväter. Nach bewegter Jugend und Tätigkeit als Rhetoriklehrer 387 Bekehrung zum Christentum; seit 396 Bischof von Hippo Regius (Nordafrika). **Werk:** Zahlreiche philosophische, → exegetische, dogmatische, unterweisende, polemische Schriften. Hauptwerke: *'Confessiones'* („innere" → Autobiographie), *'De civitate Dei'* (Entwicklung eines Bildes des christl. Staates, anknüpfend an den weltlichen Staat Roms).

Bion von Borysthenes, um 300 v. Chr., popularphilosophischer Wanderprediger, Verfasser von witzig-pointierten, z. T. brilliant formulierten → Diatriben mit erzieherischem Inhalt (erhalten sind nur einzelne Aussprüche). Einfluß auf → Horaz.

Boëthius Anicius Manlius Severinus B., ca. 480–524 n. Chr., philosophischer Schriftsteller. Hoher Würdenträger am Hof Theoderichs des Großen, wegen Hochverrats hingerichtet. **Werk:** *'Consolatio philosophiae'*, eine im Gefängnis verfaßte Trostschrift (→ Trostliteratur), in der der Christ B. ausschließlich mit philosophischem Gedankengut arbeitet.

Caesar C. Iulius Caesar, 100–44 v. Chr., röm. Politiker, Feldherr, Diktator, Redner, Schriftsteller. Aus einer alten patrizischen Familie stammend, genoß C. eine gründliche rhetorisch-juristische Ausbildung und spielte schon in früher Jugend eine politische Rolle (Opposition gegen Sulla). Er zeichnete sich als Offizier und als Gerichtsredner mehrfach aus, bevor er die senatorische Laufbahn begann (68 Quästor, 65 Ädil, 62 Prätor, 61/60 Prokonsul in Spanien, 59, 48, 46, 45, 44 Konsul). Im Triumvirat mit Crassus und Pompeius (60, erneuert 56) betrieb er populare Politik (z. B. Agrargesetze), erhielt bis 54 (verlängert bis 51) das Imperium in Gallien und machte Gallia transalpina in zahlreichen Feldzügen zur Provinz. Auf das in diesem Krieg hervorragend ausgebildete und ihm ergebene Heer konnte er sich stützen, als er nach dem Tod des Crassus (53) und der Entzweiung

mit Pompeius, der zu den Optimaten überwechselte, im Bürgerkrieg (49–45) Pompeius (48 bei Pharsalos) und dessen Anhänger (46 bei Thapsus, 45 bei Munda in Spanien) besiegte und Alleinherrscher wurde. Trotz zahlreicher wichtiger Reformen, trotz seiner versöhnlichen Haltung gegenüber politischen Gegnern (z. B. → Cicero), formierte sich die republikanische Opposition zu einer Verschwörung, der C. am 15. März 44 v. Chr. zum Opfer fiel.
Werk: Sieben Bücher *'De bello Gallico'* (das 8. Buch von seinem General Hirtius hinzugefügt), drei Bücher *'De bello civili'*. Verlorengegangen sind *'De analogia'* (über grammatische Sprachrichtigkeit), *'Anticatones'* (gegen den Republikaner Cato Uticensis), Reden, Gedichte, Briefe (erhalten sechs Briefe an → Cicero).

Calvus C. Licinius Macer, 82 bis ca.47 v. Chr., neben → Catull bedeutendster → Neoteriker. **Werk:** Nur wenige Gedichtfragmente erhalten.

Carmina Burana Eine Sammlung von Gedichten (bes. → Vagantendichtung) aus dem 12. und 13. Jh., die in der Abtei von Benediktbeuren (deshalb „burana“: latinisiertes Adjektiv) gefunden wurde. Die in deutscher und lat. Sprache abgefaßten Gedichte haben eine Vielfalt von Themen (Religion, Liebe, Natur), die z. T. satirisch-ironisch behandelt werden. Carl Orff hat eine Auswahl der C. B. vertont.

Cato M. Porcius C. aus ritterlichem Landadel von Tusculum, 234–149 v. Chr., röm. Staatsmann, Militär, Redner, Schriftsteller. Teilnahme am 2. Pun. Krieg als Militärtribun und Quaestor, 199 plebeischer Aedil, 198 Prätor, 195 Konsul, 184 Censor (Ausstoßung von sieben Senatoren aus dem Senat, Erholung der Staatseinnahmen). Bekannt als konservativer Gegner jeglichen griech. Einflusses. **Werk:** *'Origines'*, die verlorengegangene Urgeschichte des röm. Volkes, in der zur Ehre der einfachen Soldaten Feldherrnnamen nicht genannt werden; *'De agricultura'* (erhaltene Schrift mit Anleitungen für den Gutsbesitzer unter dem Gesichtspunkt der Rentabilität), verschiedene verlorengegangene Fachschriften und Reden.
C. gilt als Schöpfer des lat. Prosastils.

Catull C. Valerius Catullus aus Verona, ca. 84–ca. 54 v. Chr., Lyriker (→ Lyrik), bedeutendster der → Neoteriker. **Werk:** 116 Gedichte (Liebesgedichte, → Elegien, → Epigramme, ein → Epyllion, → Spottgedichte, Gelegenheitsgedichte, Übertragungen griech. Vorbilder: → Sappho, → Kallimachos), die in einer nach metrischen Prinzipien geordneten Sammlung überliefert sind. Seine Dichtung zeichnet sich einerseits durch Unmittelbarkeit des Gefühls aus, z. B. in den Liedern über seine unglückliche Liebe zu Lesbia (Pseudonym für Clodia, die Schwester des Volkstribunen Clodius), andererseits durch kunstvolle Handhabung der → Metren und, bes. im Kleinepos 64, durch ausgefeilte Technik und gelehrte Anspielungen.

Celtis → Konrad Celtis.

Cicero M. Tullius C. aus Arpinum, 106–43 v. Chr., aus dem Ritterstand stammend (homo novus). Größter röm. Redner; Anwalt, Politiker, philosophischer Schriftsteller. Umfassende rhetorische, juristische, philosophische Ausbildung. Politische Laufbahn: 76 Quästor (Sizilien), 69 Ädil, 66 Prätor, 63 Konsul (catilinarische Verschwörung); 58–57 Verbannung auf Betreiben der Popularen (Clodius), darauf Rückzug aus der aktiven Politik. Im Bürgerkrieg als Republikaner und Optimat auf der Seite des Pompeius, später von Caesar erfolglos umworben. 43 als erbitterter Gegner des Antonius auf dessen Betreiben ermordet.
Werk: 58 erhaltene Reden, z. B. *'Pro Roscio'*, *'In Verrem'*, *'In Catilinam'*, *'Philippicae'* (gegen Antonius); rhetorische Schriften: *'De oratore'*, *'Brutus'* u. a.; staatsphilosophische Schriften: *'De re publica'*, *'De legibus'*; philosophische Schriften: *'De officiis'*, *'De finibus bonorum et malorum'*, *'Tusculanae disputationes'*, *'De natura deorum'* u.a.; Briefe: 16 Bücher *'Ad familiares'*, 16 *'Ad Atticum'*, 3 *'Ad Quintum fratrem'*, 2 *'Ad Brutum'*.

Cinna Helvius C., 1. Hälfte 1. Jh. v. Chr., röm. Dichter (→Neoteriker). **Werk:** →Epyllion *'Zmyrna'*, →Elegien, →Epigramme (sämtlich verlorengegangen).

Crotus Rubeanus Pseudonym für Johann Jäger, Humanist, Rektor der Erfurter Universität (1520/21), Mitautor der Dunkelmännerbriefe (→Humanismus).

Curtius Rufus Quintus C. R., 1. Jh. n. Chr., röm. Rhetor. **Werk:** Geschichte Alexanders d. Gr.

Cyprianus Caecilius C., Bischof von Karthago, ca. 205–258 n. Chr.; starb den Märtyrertod. **Werk:** Briefe und Traktate in klarem Stil; wichtige Quelle für den Zustand der Kirche der damaligen Zeit.

Einhard ca. 770–840 n. Chr., fränkischer Gelehrter u. Biograph. **Werk:** →Biographie über Karl d. Gr., beeinflußt von →Sueton.

Ennius Q. Ennius aus Kalabrien, 239–169 v. Chr., röm. Dichter, gefördert durch →Cato und durch literarisch gebildete Adelskreise (Scipionen).
Werk: →Komödien und →Tragödien, eine →Praetexta, Saturae (→Satire), →Epigramme, →Lehrgedichte. Sein Hauptwerk *'Annales'* war bis zu →Vergils Aeneis das röm. Nationalepos; epochemachend durch Einführung des →Hexameters in Rom.

Epikur 341–270 v. Chr., Begründer der nach ihm benannten philosophischen Schule (Einfluß auf →Horaz). **Werk:** Alle philosophischen Hauptwerke sind verlorengegangen; erhalten sind die →Briefe an seine Schüler.

Erasmus von Rotterdam Desiderius E. v. R., ca. 1469–1536 n. Chr., Gelehrter, Schriftsteller, Theologe (→Humanismus). Uneheliche Geburt (Sohn eines Priesters, Geburtsname Geert Geerts); erzwungener Eintritt in ein Augustinerkloster, nach Austritt im Dienst des Bischofs von Cambrai; später selbständiger Literat, der die meiste Zeit außerhalb seiner Heimat lebte (Frankreich, England – Freundschaft mit Thomas →Morus –, Deutschland, Italien). Er versuchte, zwischen Re-

formation und alter Kirche zu vermitteln, distanzierte sich später von Luther, vertrat inmitten der Glaubenskämpfe einen christl. Pazifismus.
Werk: Zahlreiche Abhandlungen über Glaubensfragen, wissenschaftlich-kritische Ausgabe des Neuen Testaments im griech. Urtext und der lat. Übersetzung, Neuausgaben von Kirchenvätern (z. B. → Augustinus) und klassischen Autoren (z. B. → Seneca, → Livius), komisch-satirische Schriften: *'Encomium Moriae (Laus Stultitiae)'*, *'Colloquia familiaria'*.

Euripides 485/84–407/6 v. Chr., athenischer Tragiker. **Werk:** ca. 90 Stücke, davon 18 erhalten, z. B. *'Medea'*, *'Die Troerinnen'*, *'Iphigenie bei den Taurern'* und *'Iphigenie in Aulis'*, *'Hippolytos'* (der Phaedra-Stoff), *'Die Bakchen'*.
Nachhaltiger Einfluß auf die Entwicklung der → Tragödie.

Gaius 2. Hälfte 2. Jh. n. Chr., röm. Jurist. **Werk:** *'Institutiones'*, ein systematisches Lehrbuch über das röm. Zivilrecht; zahlreiche Erörterungen und Kommentare in den → Digesten des → Justinian.

Gallus C. Cornelius G., ca. 69–26 v. Chr., röm. → Elegiendichter, Freund Vergils, Vertrauter des Augustus. Von seinen Gedichten sind nur wenige Fragmente erhalten.

Gellius Aulus G., um 150 n. Chr., röm. Schriftsteller. **Werk:** *'Noctes Atticae'*, anekdotenhafte Aufzeichnungen über verschiedenste Wissensgebiete (z. B. Grammatik, Philosophie, Literatur); wichtige Quelle für verlorengegangene röm. Literatur vor → Cicero.

Herodot aus Halikarnass, ca. 484–ca. 425 v. Chr., der „Vater der Geschichtsschreibung" (Cicero, de legibus 1,5). Er sammelte auf zahlreichen Reisen (Persien, Ägypten, Afrika, Schwarzes Meer) historisches, geographisches, ethnographisches Material. 455 in Athen; Freundschaft mit Perikles und Sophokles. Ließ sich später in Thurioi (Unteritalien) nieder, wo er auch starb. **Werk:** *'Darlegung der Erkundung'*: Menschheitsgeschichte vom griech. Blickpunkt aus, mit zahlreichen geographisch-ethnographischen Exkursen (→ Ethnographie).
Vor seinen Vorgängern zeichnet ihn das Streben nach historischer Wahrheit aus.

Hesiod um 700 v. Chr., bedeutender griech. → Epiker. **Werk:** *'Theogonie'* (Genealogie der Götter), → Lehrgedicht *'Werke und Tage'* (über Recht und Arbeit).

Hieronymus ca. 345–ca. 419 n. Chr., christl. Autor. H. gilt als gelehrtester und belesenster lat. Kirchenvater. Nach gründlicher rhetorischer, grammatischer, philosophischer Ausbildung in Rom trat er zum Christentum über und verbrachte ein Großteil seines Lebens als Einsiedler und Mönch. **Werk:** Neben zahlreichen Streitschriften und Übersetzungen: die *'Vulgata'* (erste zuverlässige lat. Bibelübersetzung), *'De viris illustribus'* (christl. Literaturgeschichte).

Homer Homeros, um 800 v. Chr., sagenhafter griech. Epiker. Der wissenschaftliche Streit um Leben (Blindheit? Dichterwettkampf mit → Hesiod? Geburtsort?), Autorschaft von Ilias und Odyssee (zwei

oder mehr verschiedene Autoren? Mündliche Überlieferung durch Rhapsoden, erst später schriftliche Fixierung? Zusammensetzung aus Einzelliedern od. kleineren Epen?) und überhaupt die historische Existenz des H. ist (noch) nicht entschieden.
Werk: Zwei Epen, die die Entwicklung des → Epos bis heute entscheidend beeinflußt haben: *'Ilias'* (Kampf um Troja), *'Odyssee'* (Irrfahrten und Heimkehr des Odysseus).

Horaz Q. Horatius Flaccus aus Venusia (Apulien), 65–8 v. Chr., einer der bedeutendsten röm. Dichter. Sohn eines Freigelassenen, der ihm in Rom und Athen eine umfassende Ausbildung zukommen ließ. 42 als Tribun Teilnehmer der Schlacht bei Philippi auf der Seite der Caesargegner. Nach der Niederlage und dem Verlust des väterlichen Gutes Schreiber in Rom. 38 durch → Vergil und → Varus in den → Maecenas-Kreis eingeführt, lebte er bis zu seinem Tod in Rom und in den Sabinerbergen, wo ihm Maecenas ein Gut geschenkt hatte.
Werk: → *'Epoden'* (→ jambische Gedichte nach Art des → Archilochos, z. T. mit scharfen Angriffen auf das politische Geschehen Roms in der Bürgerkriegszeit); 4 Bücher → *'Oden'* (Gedichte nach dem Vorbild griech. Klassiker wie → Alkaios, → Sappho); 2 Bücher *'Sermones'* (→ Verssatiren z. T. in Anlehnung an → Lucilius); 2 Bücher *'Epistulae'* (Literatur→ briefe in → Hexametern, darunter der Ad Pisones, unter dem Namen *'Ars poetica'* bekannt).

Hortensius Q. H. Hortalus, 114–50 v. Chr., röm. Redner und Schriststeller. Galt bis 70 (Verresprozeß, wo er als Gegenanwalt → Ciceros auftrat und verlor) als erster Redner Roms. **Werk:** Von seinen Reden, historischen und rhetorischen Schriften sind nur Titel überliefert.

Hrotsvith(a) von Gandersheim, ca. 935–1002 n. Chr. Dramatikerin, Dichterin, Geschichtsschreiberin; benediktinische Nonne.
Werk: Epische Gedichte über christliche Heilige; Dramen mit christlichen Themen, konzipiert als Gegenstücke zu den → Komödien des → Terenz.

Hutten → Ulrich von Hutten.

Isokrates aus Athen, 436–338 v. Chr., griech. Redner und Rhetoriklehrer, Schüler des Sophisten Gorgias. Als Meister der vollendeten Redeform übte er eine nachhaltige Wirkung auf Theorie und Praxis der → Rhetorik (bes. politische und Gerichtsreden) und die Gestaltung der griech. Kunstprosa (z. B. → Geschichtsschreibung) aus; sein rhetorisch-formales Bildungsideal, das in scharfem Gegensatz zum philosophischen Bildungsziel des Sokrates und Plato stand, beeinflußte die Erziehungspraxis der gesamten Antike.

Justinian Flavius Petrus Sabbatius Iustinianus, röm. Kaiser 527–565 n. Chr.; ließ das röm. Recht im Corpus Iuris kodifizieren (*'Codex Iustinianus'*, Digesten bzw. Pandekten, Institutiones, Novellen) und beeinflußte damit nachhaltig das europäische Recht bis zur heutigen Zeit.

Juvenal D. Iunius Iuvenalis, ca. 58–138 n. Chr., röm. Satiriker. **Werk:** 16 → Verssatiren mit vehementer Gesellschaftskritik.

Kallimachos aus Kyrene, ca. 310–ca. 240 v. Chr., griech. Dichter und Gelehrter. Grammatiklehrer am Hof Ptolemaios I. u. II. in Alexandria (Bibliothek). **Werk:** → Hymnen, → Epigramme, *'Aitia'* (Ursprungssagen in → elegischer Form; nur bruchstückhaft erhalten), *'Hekale'* (fragmentarisch erhaltenes → Epyllion).
Sein Eintreten für die „kleine Form" und seine ausgefeilte Technik beeinflußte die → Neoteriker. S. a. → Alexandriner.

Konrad Celtis 1448–1508 n. Chr.; Humanist, Wissenschaftler, Philologe und Dichter (→ Humanismus). **Werk:** → Oden, → Epigramme, Liebesdichtung (*'Amores'*); Edition und Interpretation von → Tacitus' 'Germania'.

Laktanz L. Caelius Firmianus Lactantius aus Nordafrika, ca. 260–(?) n. Chr., christl. Schriftsteller, Rhetoriklehrer; Erzieher des Sohns von Konstantin dem Großen. **Werk:** *'Divinae Institutiones'* (Unterweisung in der Religion) im ciceronischen Stil.

Livius Titus L. aus Patavium (Padua), 59 v. Chr.–17 n. Chr., röm. Geschichtsschreiber; von seinem Leben ist fast nichts bekannt. **Werk:** *'Ab urbe condita'*, römische Geschichte von den sagenhaften Anfängen bis 9 v. Chr. in annalistischer Form (→ Geschichtsschreibung 1). Wegen des riesigen Umfangs wurden bald nur noch kurze Inhaltsangaben (→ Periochae) gelesen; erhalten sind die 1. Dekade (1.–10. Buch), die 3., 4. und die erste Hälfte der 5. Dekade sowie zwei Bruchstücke.

Livius Andronicus 3. Jh. v. Chr., erster faßbarer röm. Dichter; freigelassener griech. Sklave. **Werk:** Übersetzung der *'Odyssee'* → Homers in → Saturniern, → Tragödien und → Komödien; außer Bruchstücken ist nichts überliefert.

Lucilius C. Lucilius aus Kampanien, ca. 180–ca. 102 v. Chr., röm. Satiriker; stand dem Scipionen-Kreis nahe. **Werk:** 30 Bücher → Satiren (nur Bruchstücke überliefert). Führte den → Hexameter in die → Verssatire ein.

Lukan M. Annaeus L., 30–65 n. Chr., röm. → Epiker; Neffe → Senecas d. J. **Werk:** *'Pharsalia'* (über den Bürgerkrieg Caesar–Pompeius mit Preis der Republik).

Lukrez T. Lucretius Carus, ca. 97–55 v. Chr., röm. Dichter. **Werk:** → Lehrgedicht *'De rerum natura'*, in dem die materialistische Lehre des → Epikur in sechs Büchern dargestellt wird.

Maecenas C. Cilnius M., (?)–8 v. Chr., Freund und Vertrauter des Augustus, Förderer großer Dichter („Mäzen"). Zum M.-Kreis gehörten → Vergil, → Horaz, → Properz.

Martial M. Valerius Martialis aus Bilbilis (Spanien), ca. 40–102 n. Chr., röm. Epigrammatiker. Lebte ca. 64–98 als Klient reicher Römer und Günstling des Titus und des Domitian in Rom. **Werk:** 15 Bücher satirisch-pointierter → Epigramme in verschiedenen Versmaßen.

Melanchthon Philipp (Schwarzerd, gräzisiert:) M., 1497–1560 n. Chr., Altphilologe und Theologe, Freund Luthers und bedeutender Anhänger der Reformation; → Humanismus.

Menander Menandros aus Athen, ca. 342–ca. 290 v. Chr., griech. Komödiendichter; berühmtester Vertreter der Neuen → Komödie. **Werk:** Von ca. 100 Stücken sind nur *'Dyskolos' (Der Unfreundliche)* ganz, *'Epitrepontes' (Das Schiedsgericht)* und *'Samia' (Die Frau aus Samos)* zum größten Teil erhalten.
Starker Einfluß auf → Plautus und bes. → Terenz.

Menippos von Gadara, 1. Hälfte 3. Jh. v. Chr., Popularphilosoph aus der Schule der Kyniker. **Werk:** Satirisch-parodistische Erzählungen mit moralisch-belehrender Absicht; danach entwickelte sich die → menippeische Satire.

Messal(l)a M. Valerius Messal(l)a Corvinus, 64 v. Chr.–13. n. Chr., röm. Politiker, Militär, Redner, Schriftsteller, der begabte Dichter, z. B. → Tibull, → Ovid unterstützte (Messalla-Kreis).

Minucius Felix Christl. Autor um 200 n. Chr. (?). **Werk:** → Dialog *'Octavius'*, in dem der Heide Caecilius vom Christen Octavius bekehrt wird; s. a. → Apologetik.

Morus Thomas M. (engl. More), 1478–1535, engl. Humanist (→ Humanismus), Politiker, Theologe. **Werk:** *'Utopia'*, ein idealistischer und gesellschaftskritischer Staatsroman (von → Platos 'Politeia' beeinflußt).

Naevius Cn. N., ca. 275–ca. 201 v. Chr., röm. Epiker und Dramatiker. Teilnahme am 1. Pun. Krieg. **Werk:** Von seinen 34 → Komödien und → Tragödien sind nur Titel und Fragmente erhalten; N. gilt als Schöpfer der → Praetexta. Sein einflußreiches → Epos über den 1. Pun. Krieg (in → Saturniern) ist ebenfalls verlorengegangen.

Nepos Cornelius N., ca. 100–ca. 24 v. Chr., röm. Biograph, Historiker; befreundet mit → Catull und → Cicero. **Werk:** *'Chronica'* (Weltgeschichte, verlorengegangen), *'De viris illustribus'* (Kurz→ biographien bedeutender Römer, die Griechen oder Nichtrömern gegenübergestellt werden; nur teilweise erhalten).

Notker Balbulus (Der Stammler) aus St. Gallen, ca. 840–912 n. Chr., Schöpfer der → Sequenz.

Ovid P. Ovidius Naso aus Sulmo, 43 v. Chr. – ca. 18 n. Chr., röm. Dichter. Nach rhetorischer Ausbildung und kurzer juristischer Laufbahn Rückzug ins Privatleben, Mitglied des → Messalla-Kreises. Drei Ehen. 8 v. Chr. Verbannung auf Lebenszeit nach Tomi (Schwarzes Meer), offiziell wegen der Anstößigkeit seiner *'Ars amandi'*, tatsächlich wohl wegen Mitwisserschaft in einer Skandalaffäre im Kaiserhaus. **Werk:** Liebesdichtung, u. a. *'Amores'* (→ Elegien), *'Ars amandi od. amatoria'* (Liebeskunst in Form eines Lehrbuchs); erzählende Werke: *'Metamorphosen'* (Verwandlungssagen aus der griech. Mythologie), *'Fasti'* (dichterische Bearbeitung des röm. Festkalenders); Werke in der Verbannung (→ Elegien): *'Tristia', 'Epistulae ex Ponto'*. Eine berühmt gewesene → Tragödie *'Medea'* ist nicht erhalten.

Pacuvius M. Pacuvius, 220–ca. 130 v. Chr., röm. Tragiker. **Werk:** ca. 14 → Tragödien (sehr bruchstückhaft überliefert) nach griech. Vorbild, eine → Praetexta.

Parmenides von Elea, ca. 515–445 v. Chr., bedeutender Vorsokratiker (Negierung des Nichtseienden, damit des Werdens, des Vergehens und der Bewegung überhaupt). **Werk:** → Lehrgedicht *'Die Natur'*.

Persius Aules P. Flaccus, 34–62 n. Chr., röm. Satiriker; Anhänger der Stoa, Freund des → Lukan. **Werk:** 6 → Satiren, überwiegend im Stil der stoischen → Diatribe.

Petrarca Francesco P. aus Arezzo, 1304–1374 n. Chr., italienischer Dichter und Gelehrter; der erste Humanist (→ Humanismus). **Werk:** *'Rime'* (ital. Gedichte, bes. Sonette an die entfernte Geliebte Laura), → Epen, religiöse → Dialoge (*'Secretum'*), Briefe; Edition von Werken antiker Schriftsteller, die er in Klosterbibliotheken wiederentdeckt hatte (→ Cicero-Reden und -Briefe, → Quintilian).

Petron C. (T.?) Petronius Arbiter, (?)–66 n. Chr., röm. Satiriker, Politiker (consul suffectus, Prokonsul von Bithynien), gebildeter Weltmann und Höfling („arbiter elegantiae" an Neros Hof). 66 der Teilnahme an der Pisonischen Verschwörung beschuldigt, Tod durch Selbstmord. **Werk:** *'Satyricon'*, ein fragmentarisch überlieferter → Roman mit Zügen der → Parodie, der → menippeischen Satire, des → Mimus, der → Novelle; eine Hauptquelle des Vulgärlateins (→ Vulgarismus). Autorschaft und Datierung immer noch umstritten; s. a. → Datierung.

Phaedrus Lat. Fabeldichter des frühen 1. Jh. n. Chr.; griech. Freigelassener des Augustus. **Werk:** 5 Bücher → Fabeln in Versform, größtenteils nach → Aesop.

Pindar Pindaros aus Theben, ca. 520–(?) v. Chr., berühmter griech. Lyriker. **Werk:** Religiöse (z. B. → Hymnen) und weltliche → Lyrik (z. B. *'Epinikien'*: Siegeslieder für Preisträger an den Panhellenischen Spielen), außer den Epinikien nur bruchstückhaft überliefert.

Plato(n) aus Athen, 427–348/7 v. Chr., bedeutendster griech. Philosoph. P. stammte aus höchstem Adel Athens; er wandte sich zuerst der Dichtung (→ Tragödien) zu; die Begegnung mit Sokrates und die Enttäuschung über die politischen Verhältnisse in Athen (Dreißig Tyrannen) brachten ihn zur Philosophie. Seit 399 in Megara, seit 388 mehrfacher Aufenthalt in Sizilien. 387 Gründung seiner Schule, der Akademie, in Athen.
Werk: P. schuf die nach ihm benannten → Dialoge, in denen er seine Lehre niederlegte; z. B. *'Apologie'* (Verteidigungsrede des Sokrates vor den Richtern), *'Gorgias'* (Abrechnung mit den Sophisten), *'Symposion' (Das Gastmahl:* über die Liebe), *'Politeia' (Der Staat), 'Nomoi' (Die Gesetze), 'Phaidon'* (über die Unsterblichkeit der Seele). Außerdem → Briefe und → Epigramme.

Plautus T. Maccius P., (?)–184 v. Chr., röm. Komödiendichter. **Werk:** Von 130 (!) P. zugeschriebenen → Komödien (frei nach Vorbildern der griech. Neuen Komödie) sind 21 sicher echt und bis auf eine ganz erhalten; z. B. *'Amphitryon', 'Mostellaria' (Gespensterkomödie), 'Aulularia' (Topfkomödie), 'Menaechmi' (Die Zwillingsbrüder), 'Miles gloriosus', 'Pseudolus' (Der Schwindler), 'Rudens' (Das Seil).*
Bedeutender Einfluß auf die europäische Theaterdichtung (Molière, Shakespeare u. a.).

Plinius der Ältere C. P. Secundus aus Como, ca. 23–79 n. Chr., röm. Militär, Beamter, Schriftsteller. Trotz seines arbeitsreichen Lebens (Militärlaufbahn, Prokurator in zahlreichen Provinzen, Flottenpräfekt) sammelte er mit unglaublichem Fleiß das Wissen seiner Zeit. Er starb bei einer Rettungsaktion anläßlich des Vesuvausbruchs (Brief 6,16 seines Neffen P. d. J.). **Werk:** *'Naturalis historia'* (umfangreiche enzyklopädische Naturkunde); andere Werke (Geschichte, Grammatik) sind verlorengegangen.

Plinius der Jüngere C. P. Caecilius Secundus aus Como, ca. 61–ca. 112 n. Chr., röm. Beamter, Redner, Verfasser von → Briefen. P. wuchs bei seinem Onkel → Plinius d. Ä. auf, erhielt rhetorische Ausbildung bei → Quintilian und machte glänzende politische Karriere (ca. 82 Militärtribun, ca. 88 Quästor, ca. 91/92 Volkstribun, ca. 93 Prätor, 100 consul suffectus, ca. 111 kaiserlicher Legat in Bithynien). **Werk:** → *'Panegyricus'* auf Trajan; 10 Bücher *Briefe* (kunstvoll ausgefeilte Privatbriefe an Freunde; 10. Buch: Briefwechsel mit Trajan, mit den B. über die Christen).

Polybios ca. 200–120 v. Chr., bedeutender griech. Historiker (→ pragmatische Geschichtsschreibung). P. kam 167 nach dem röm. Sieg bei Pydna als vornehme Geisel nach Rom, wurde Mitglied des Scipionenkreises und Bewunderer Roms. **Werk:** 40 Bücher Zeitgeschichte bis 144 v. Chr. (P. leitet hier den Aufstieg Roms zur Weltmacht aus der Vortrefflichkeit der röm. Mischverfassung ab).

Probus Valerius P. aus Berytos (Beirut), 2. Hälfte 1. Jh. n. Chr., bedeutender → Philologe; wirkte in Rom. **Werk:** Philologische Bearbeitung röm. Autoren (z. B. → Horaz, → Lukrez, → Terenz, → Vergil); *'Appendix Probi'*: Sammlung von Beispielen vulgären und richtigen Sprachgebrauchs (Autorschaft nicht gesichert).

Properz Sextus Propertius aus Assisi, ca. 50–ca. 15 v. Chr., röm. Elegiendichter; war Mitglied des → Maecenas-Kreises. Sein Leben und seine Dichtung war bestimmt durch seine Liebe zur schönen und begabten Kurtisane Hostia (in den Elegien: Cynthia). **Werk:** → Elegien (drei Bücher über seine glücklich-unglückliche Liebe, ein späteres über röm. Gründungssagen).

Prudentius Aurelius P. Clemens aus Spanien, um 400 n. Chr., bekanntester christl. Dichter des Altertums. **Werk:** → Hymnen, Märtyrergeschichten, *'Psychomachia'* (griech. Titel: Kampf der Tugenden und Laster um die Seele).

Quintilian M. Fabius Quintilianus aus Spanien, ca. 35–96 n. Chr., röm. → Rhetoriklehrer und Schriftsteller; → Plinius d. J., vielleicht auch → Tacitus waren seine Schüler. **Werk:** 12 Bücher *'Institutio oratoria'* (Lehrgang der Beredsamkeit) mit dem bekannten 10. Buch (Abriß der griech.–röm. Literaturgeschichte).

Reuchlin Johannes R., 1445 bis 1522, Humanist, Jurist, bedeutender Latinist und Hebraist; er gab Anlaß zu den berühmten Dunkelmännerbriefen (→ Humanismus).

Sallust C. Sallustius Crispus aus Amiternum, 86–34 v. Chr., röm. Geschichtsschreiber, popularer Politiker. 55 oder 54 Quästor, 52 Volkstribun, 50 aus politischen Gründen (Anhänger Caesars) aus dem Senat verstoßen. Im Bürgerkrieg kämpfte er glücklos auf der Seite Caesars, wurde 48 als Quästor wieder in den Senat aufgenommen, 46 als Prätor und Statthalter in Africa nova eingesetzt; dort bereicherte er sich ungeheuer. Nach Caesars Tod wandte er sich der Geschichtsschreibung zu.
Werk: → Monographien: *'Catilinae coniuratio'* und *'Bellum Iugurthinum'* (m.d. Zentralthema Niedergang der Moral in der Politik und im Leben der Römer); eine Zeitgeschichte: *'Historiae'* (78–67; nur sehr bruchstückhaft überliefert). Die Echtheit der zwei → Briefe an Caesar und einer → Invektive gegen → Cicero ist immer noch nicht unumstritten.

Sappho aus Lesbos, um 600 v. Chr., griech. Lyrikerin (→ Lyrik). S. wirkte in einem Kreis junger Frauen, zu einigen von denen sie leidenschaftliche Zuneigung empfand. **Werk:** In der Antike kannte man 9 Bücher ihrer Gedichte; erhalten sind nur wenige Lieder, zumeist fragmentarisch. S. schuf die → sapphische Strophe.

Seneca der Ältere L. Annaeus S., ca. 55 v. Chr.–40 n. Chr.; Vater des Philosophen S. **Werk:** Schrieb für seine Söhne eine Übersicht über die → Rhetorik der frühen Kaiserzeit (z. T. erhalten).

Seneca der Jüngere L. Annaeus S. aus Cordoba, ca. 4 v. Chr.–65 n. Chr., röm. Politiker, Philosoph, Satiriker, Tragiker; Sohn des Rhetors S. Er erhielt in Rom rhetorische und philosophische Ausbildung, wurde Quästor, 41–49 aber durch eine Intrige der Messalina nach Korsika verbannt. Ab 49 Erzieher Neros, übte mäßigenden Einfluß auf den jungen Kaiser aus, fiel 62 in Ungnade und beging 65, wegen angeblicher Teilnahme an der Pisonischen Verschwörung verurteilt, Selbstmord.
Werk: (1) Philosophische Schriften über praktische Fragen der Ethik im stoischen Sinn, aber undogmatisch: 12 → Dialoge, z. B. *'De vita beata'*, *'De tranquillitate animi'*, *'De ira'*; Einzelschriften *'De clementia'*, *'De beneficiis'*; 124 *'Epistulae morales ad Lucilium'* (→ Brief). (2) Naturwissenschaftliche Untersuchungen (*'Quaestiones naturales'*). (3) Die posthume → Satire auf Claudius: *'Apocolocyntosis'* (*„Verkürbissung"*). (4) Neun → Tragödien, z. B. *'Hercules furens'*, *'Medea'*, *'Oedipus'*, *'Phaedra'*.

Simonides aus Keos, ca. 556–ca. 467 v. Chr., griech. Lyriker (→ Lyrik). **Werk:** Kultlieder, Trauerlieder, zahlreiche → Epigramme. Nur Bruchstücke überliefert; viele Epigramme tragen zu Unrecht seinen Namen.

Sophokles aus Athen, 497/96 bis 406/5 v. Chr., Politiker in hohen Ämtern, bedeutender griech. Tragiker.
Werk: Von seinen über 100 → Tragödien sind sieben erhalten: *'Aias'*, *'Die Frauen von Trachis'*, *'Philoktet'*, *'Elektra'*, *'König Ödipus'*, *'Ödipus auf Kolonos'*, *'Antigone'*. Nachhaltiger Einfluß auf die Entwicklung der Tragödie.

Sueton C. Suetonius Tranquillus aus Hippo Regius (Numidien), 1. Hälfte 2. Jh. n. Chr., lat. Biograph, kaiserlicher Kanzleivorsteher und Bibliothekar. **Werk:** Kaiser→ biographien (Caesar bis Domitian); *'De viris illustribus'* (Kurzbiographien von berühmten Schriftstellern; nur einzelne, z. T. unter anderem Verfassernamen, erhalten, z. B. die des → Horaz und → Vergil).

Sulpicia 2. Hälfte 1. Jh. v. Chr., röm. Elegikerin; Nichte des → Messalla. **Werk:** 6 kurze Liebes-→ elegien, mit → Tibull zusammen überliefert.

Symmachus Q. Aurelius S., ca. 345–ca. 402 n. Chr., röm. Redner, Politiker, Herausgeber röm. Klassiker. S. und die Mitglieder des nach ihm benannten Kreises trugen durch Neuausgaben der klassischen Literatur zur Erhaltung vieler Texte bei (s. a. → Textüberlieferung B3).

Tacitus Cornelius T., ca. 55–ca. 120 n. Chr., röm. Geschichtsschreiber, Redner, Politiker. T. stammte wahrscheinlich aus Gallia Narbonensis, erhielt seine rhetorische Ausbildung in Rom und begann seine politische Laufbahn unter Vespasian: 88 Prätor, 97 Konsul, 112/13 (?) Statthalter in Asia.
Werk: *'Agricola'* (Lebensbeschreibung seines Schwiegervaters, der die Eroberung Britanniens abschloß), *'Germania'*, *'Dialogus de oratoribus'* (Echtheit noch etwas umstritten). Hauptwerke: *'Historiae'* (Zeitgeschichte 69–96; nur z. T. erhalten), *'Annales'* (Geschichte 14–69, z. T. verlorengegangen).

Terenz P. Terentius Afer, (?)–159 v. Chr., röm. Komödiendichter; freigelassener Sklave aus Karthago, stand dem Scipionenkreis nahe. **Werk:** Erhalten sind 6 → Komödien nach Vorbildern der griech. Neuen Komödie (bes. → Menander), mit griech. Titeln: *'Andria'*, *'Hautontimorumenos' (Der Selbstquäler)*, *'Eunuchus'*, *'Phormio'*, *'Adelphoe' (Die Brüder)*, *'Hecyra' (Die Schwiegermutter)*.

Tertullian Q. Septimius Florens Tertullianus aus Karthago, ca. 160–ca. 220 n. Chr., erster großer christl. Schriftsteller; Rechtsanwalt.
Werk: → Apologetische Schriften (z. B. *'Apologeticum'*), dogmatische Werke (z. B. *'Adversus Marcionem'*), Einzelschriften zum christl. Leben (Buße, Gebet, Ehe). Charakteristisch: eigenwilliger, schwieriger Stil, strenge Haltung in ethischen Fragen.

Theokrit Theokritos aus Syrakus, Anfang 3. Jh. v. Chr., griech. Dichter; wirkte eine Zeitlang auch in Alexandria (→ Alexandriner). **Werk:** *'Eidyllia'*, eine Sammlung von Gedichten, z. T. → bukolischer Art (s. a. → Idyll).

Theophrast von Eresos (Lesbos), ca. 372–287 v. Chr., griech. Philosoph, Schüler und Nachfolger des → Aristoteles. **Werk:** Außer zwei botanischen Werken und den *'Charakteren'* (Einfluß auf → Biographie) sind nur Fragmente seiner vielen Schriften erhalten.

Thukydides ca. 460 – ca. 400 v. Chr., griech. Geschichtsschreiber; T. nahm als Stratege am Peloponnesischen Krieg teil, verlor 424 die Stadt Amphibolis und wurde verbannt (20 Jahre Exil in Thrakien). **Werk:** *'Geschichte des Peloponnesischen Krieges'* (unvollendet). Als Vater der → pragmatischen Geschichtsschreibung und mit seiner tragischen Geschichtsauffassung beeinflußte er bes. → Sallust und → Tacitus.

Tibull Albius Tibullus, ca. 50 v. Chr. – ca. 19 n. Chr., römischer Elegiendichter; Mitglied des → Messalla-Kreises und Freund des → Horaz. **Werk:** 2 Bücher → Elegien, z. T. über T.s Liebe zu Delia und Nemesis. 20 weitere mit dem Corpus Tibullianum überlieferte Gedichte haben andere Autoren.

Ulrich von Hutten aus Steckelberg (Fulda), 1488–1523 n. Chr., Humanist, Dichter, Kritiker der katholischen Kirche. **Werk** in lat. Sprache: → Vagantendichtung, Streitschriften; Mitautorschaft an den *'Dunkelmännerbriefen'* (→ Humanismus).

Varius L. Varius Rufus, spätes 1. Jh. v. Chr., röm. Dichter des → Maecenas-Kreises, Freund → Vergils, dessen Aeneis er edierte; führte → Horaz bei Maecenas ein. **Werk:** Man kennt Bruchstücke einer → Tragödie *'Thyestes'*.

Varro M. Terentius Varro aus Reate, 116–27 v. Chr., röm. Gelehrter und Schriftsteller. **Werk:** Mehr als 500 (!) Schriften über die verschiedensten Sachgebiete (Literaturgeschichte, Sprache, Philosophie, Geschichte, Landwirtschaft u. a.), von denen nur ganz wenig erhalten ist; verfaßte auch → menippeische Satiren.

Vergil aus Andes bei Mantua, 70–19 v. Chr., einer der bedeutendsten röm. Dichter. Sohn begüterter Landleute, umfassende grammatisch-rhetorisch-philosophische Ausbildung in Cremona und Mailand, Schüler des Epikureers Siron. 42/41 Enteignung des väterlichen Landguts im Zuge der Landverteilung an Octavians Veteranen, Wiedergutmachung durch Octavian, der Gönner des bereits bekannten Dichters wurde. Seit 39 Mitglied des → Maecenas-Kreises. Nach scheu-zurückgezogenem Landleben i. J. 20 Reise nach Griechenland, wo er seine Aeneis beenden wollte. V. starb 19 auf der Rückreise in Brindisi.
Werk: → *'Bucolica'* (oder → *'Eklogen'*: Hirtengedichte), *'Georgica'* (→ Lehrgedicht über die Landwirtschaft), *'Aeneis'* (→ Epos – in bewußter Nachfolge Homers – über den Trojaner Aeneas, der nach langen Irrfahrten sein verheißenes Ziel, Italien, erreicht und Stammvater Roms wird).

Vokabellernen

eine unerläßliche, aber mühselige Arbeit, deren Erfolg zudem oft unsicher ist. Da hat man z. B. ein Wort innerhalb der Lernportion aus der Wortkunde gekonnt, aber wenn es einzeln im Lektüretext auftaucht, ist es fremd. Was kann man tun?
Wirksamer und weniger langweilig ist Vokabellernen, wenn man eine geeignete Technik anwendet. Die Grundsätze hierfür sind:

- Lerne und wiederhole die Vokabeln in ständig wechselnder Reihenfolge!
- Lerne und wiederhole die Vokabeln in immer größeren Zeitabständen!
- Lerne und wiederhole nur die Wörter, die noch nicht sitzen!

Das beste Werkzeug für diese Lerntechnik ist eine **„Lernmaschine"**[1]. Gebraucht wird ein langer, schmaler Kasten mit fünf Abteilungen, jede etwa doppelt so lang wie die vorige (leicht zu basteln). Hinein kommen Zettel oder Kärtchen mit je 1 Vokabel darauf (Vorderseite lateinisch, Rückseite deutsch). Nun arbeitet man wie folgt:
Abt. 1 mit einer Portion Vokabelkärtchen (ca. 30) füllen. Diese von vorn an „abfragen", dabei sicher gekonnte Vokabeln in Abt. 2 befördern, nicht sicher gekonnte ans Ende von Abt. 1 stecken (nicht lange überlegen). So lange wiederholen, bis Abt. 1 fast leer ist, dann eine neue Portion einfüllen.
Wenn Abt. 2 vollgeworden ist, dort anfangen abzufragen; Gekonntes kommt jetzt in Abt. 3, Nichtgekonntes zurück ans Ende von Abt. 1 (!). Nur so lange mit Abt. 2 arbeiten, bis ca. ein Fingerbreit freigeworden ist, dann wieder Abt. 1 vornehmen.
Wenn Abt. 3 vollgeworden ist, dort ebenso wie in Abt. 2 verfahren (Gekonntes vor nach Abt. 4, Nichtgekonntes zurück nach Abt. 1).
Entsprechend später auch Abt. 4 und 5 behandeln. Was schließlich in Abt. 5 gekonnt ist, kann man getrost wegwerfen: diese Vokabeln „sitzen" für lange Zeit.
Geeignet zum Lernen nach den auf S. 152 vorgestellten Grundsätzen und speziell zum „Füttern" der „Lernmaschine":

[1] Vgl. S. Leitner, So lernt man Lernen, Freiburg im Breisgau (Herder) 1972, S. 64ff.

Eine besondere Klippe: Vokabeln, die man leicht untereinander verwechselt, weil sie ähnlich klingen oder weil sie Ähnliches bedeuten. Wenn das zu Fehlern führt, ist gezieltes Training angezeigt, wie:

- genau differenzierte Wortbedeutungen lernen;
- Kontextmerkmale (z. B. Dativ-Objekt bei x, AcI bei y usf.) einprägen;
- Kontextmerkmale und sinnvolle Bedeutungen in Sätzen zu erkennen und anzuwenden üben;
- flektierte Formen auf die Grundformen zurückzuführen üben.